“十四五”高等职业教育新能源汽车技术专业系列教材

新能源汽车故障诊断与检修

张　博　龙海强　邓钦文◎主　编
李星月　张建碧　孙潇韵◎副主编

中国铁道出版社有限公司
CHINA RAILWAY PUBLISHING HOUSE CO., LTD.

内容简介

本书围绕高等职业院校新能源汽车故障诊断与检修等技能人才培养需要及岗位技能要求而组织编写，充分发挥校企合作优势，具有很强的实践性。

本书涵盖了新能源汽车主要故障类型及检修方案，包括新能源汽车电路原理图识读，新能源汽车故障诊断仪认知，整车控制系统、驱动电动机控制系统、充电系统、制动系统、空调系统和车辆辅助系统的故障检修。

本书适合作为高等职业院校汽车类专业教材，也可作为职业技能培训教材或者汽车维修学徒学习用书。

图书在版编目（CIP）数据

新能源汽车故障诊断与检修 / 张博，龙海强，邓钦文主编. -- 北京 : 中国铁道出版社有限公司，2024. 11.
（“十四五”高等职业教育新能源汽车技术专业系列教材）.
ISBN 978-7-113-31468-2

Ⅰ. U469. 707

中国国家版本馆 CIP 数据核字第 2024C6L575 号

书　　名：新能源汽车故障诊断与检修
作　　者：张　博　龙海强　邓钦文

策　　划：杨万里　　**编辑部电话：**（010）63551926
责任编辑：杨万里　绳　超
封面设计：刘　颖
责任校对：刘　畅
责任印制：赵星辰

出版发行：中国铁道出版社有限公司（100054，北京市西城区右安门西街 8 号）
网　　址：https://www. tdpress. com/51eds
印　　刷：河北宝昌佳彩印刷有限公司
版　　次：2024 年 11 月第 1 版　2024 年 11 月第 1 次印刷
开　　本：787 mm × 1 092 mm 1/16　**印张：**10　**字数：**259 千
书　　号：ISBN 978-7-113-31468-2
定　　价：35. 00 元

前言

为了深入贯彻《国家职业教育改革实施方案》精神，落实高等职业院校新能源汽车技术专业人才培养方案，本书编者根据新能源汽车发展优化课程资源建设需求，针对新能源汽车产品升级更新、新技术应用等特点，依托产教融合平台，充分挖掘校企合作资源，编写了本书。

本书采用项目导向的形式编写，每个项目都配有大量的实例和案例，让读者通过实际操作来巩固所学知识。结合企业新能源汽车产品检修方案，提供了详细的故障排查流程和技巧，帮助读者迅速准确地找到故障原因并进行修复。全书共八个项目，涵盖了新能源汽车主要故障类型及检修方案。其中，项目一介绍了新能源汽车电路原理图，为新能源汽车故障排除打下了良好的基础。项目二重点介绍了新能源汽车故障诊断仪相关知识和操作方法，帮助读者熟悉并掌握使用故障诊断仪的技巧。项目三至项目八分别介绍了整车控制系统、驱动电动机控制系统、充电系统、制动系统、空调系统和车辆辅助系统的故障检修。

本书编写团队由多位行业专家和教育工作者组成，他们在新能源汽车故障检修领域拥有丰富的企业实践经验和教学经验。本书由重庆城市管理职业学院张博、龙海强、邓钦文任主编，重庆城市管理职业学院李星月、张建碧以及北京睿感科技有限公司孙潇韵任副主编。具体编写分工如下：张博编写项目二至项目四；龙海强编写项目一和项目五；邓钦文编写项目六和项目八；李星月、张建碧、孙潇韵合作编写项目七。此外，本书编写工作得到了重庆城市管理职业学院北汽新能源汽车产业学院建设项目、重庆城市管理职业学院新能源汽车现代学徒制项目的支持，在此表示感谢。

本书适合作为高等职业院校汽车类专业教材，也可作为职业技能培训教材或者汽车维修学徒学习用书。希望本书能够成为读者学习和研究新能源汽车故障诊断与检修的重要参考资料，帮助读者提升自己的技术水平和职业素养。

鉴于时间和编者专业能力等因素，书中难免有疏漏和不足之处，欢迎广大读者提出宝贵的意见和建议，以便本书不断改进和完善。

编　者

2024 年 3 月

目　录

项目一 新能源汽车电路原理图识读

项目引入

随着汽车技术的发展，越来越多的电气设备被应用在现代汽车中，汽车智能化、舒适性得到大幅提升。汽车电路图是用特定的符号、导线将汽车上的用电设备相互连接进而形成一个完整的系统。汽车电路图是检修和维护汽车电气系统的基本资料。读懂电路图，对了解和掌握汽车电气设备间的相互联系，诊断和及时排除故障具有十分重要的意义。通过本项目的学习，可以掌握新能源汽车电路原理图的识读方法，能够读懂电路图并利用电路图准确查找各电气设备在车辆上的布置情况，为整车故障诊断打下坚实基础。

项目目标

1. 知识目标

（1）掌握新能源汽车电路原理图的识读方法；

（2）能够通过电路原理图分析系统组成及工作原理。

2. 技能目标

（1）能够独立且熟练读懂电路原理图；

（2）能够根据电路原理图准确找到车辆上各部件、插头位置。

3. 素养目标

培养“5S”等基本职业素养。

知识链接

一、汽车电路图

汽车电路图主要用于表达汽车上各电气系统的组成及其工作原理。通过汽车电路图，可以获取不同控制模块、线束、插头、接地点等在车辆上的具体位置，以方便对车辆进行维修保养。根据电路图用途，一般可将其分为以下几类：

1. 电路原理图

电路原理图又称接线图。在大多数电路原理图中，电源线在图上方，搭铁线在图下方，电流方向自上而下。电路较少迂回曲折，电路图中电器串联、并联关系十分清楚，电路图易于识读。各电器不再按电器在车上的安装位置布局，而是依据工作原理，在图中合理布局，使各系统处于相对独立的位置，易于对各用电设备进行单独的电路分析。汽车制动系统电路原理图如图 1-1 所示。

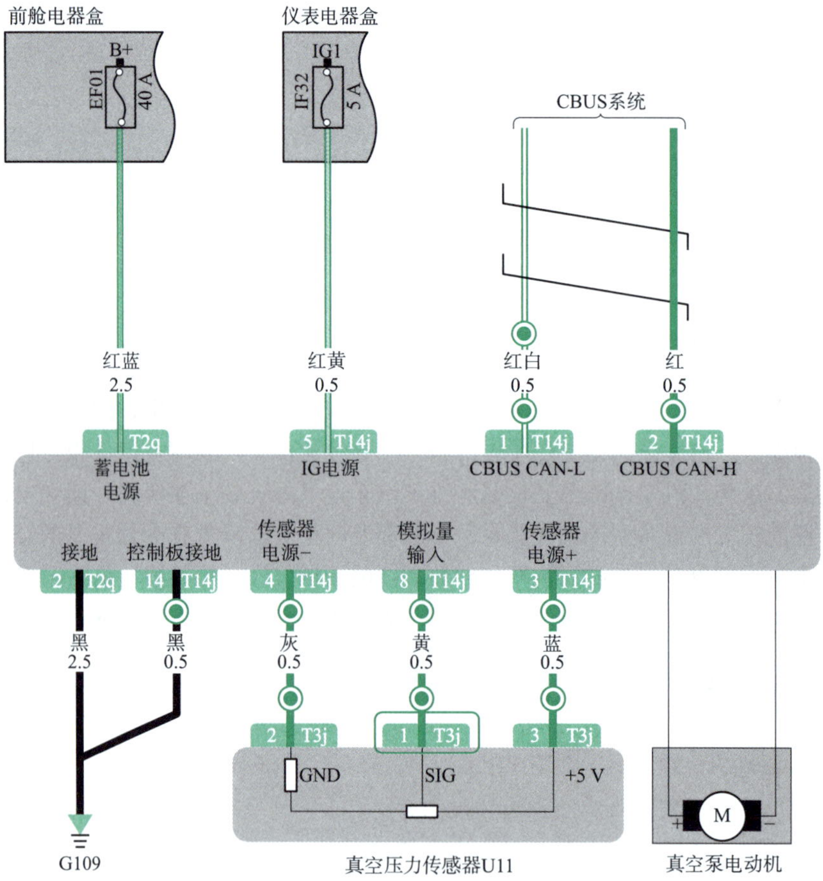

图 1-1　汽车制动系统电路原理图

2. 端子定义图

端子定义图详细介绍了端子型号、护套型号、各引脚定义。图 1-2 为环境温度传感器端子定义图。端子引脚编号一般按照公插头从左到右的顺序、母插头从右到左的顺序编制。

环境温度传感器（U52）	护套型号	7283-7028-30
	端子型号	7116-4025
	序号	定义
	1	环境温度传感器信号
	2	传感器接地

图 1-2　环境温度传感器端子定义图

3. 线束端子位置图

线束端子位置图参照线束以及相关端子在车辆上的实际布置情况，以轴测图的形式绘制了其在车辆上的具体位置。线束端子位置图准确地反映了汽车线路的实际情况，清晰地表达了线路分叉、汇合等特点，为线路的检测与维修提供了方便。但由于其线束复杂，对空间想象能力要求高，给识图、查找、分析故障带来一定的不便。图 1-3 为左前门线束端子位置图。

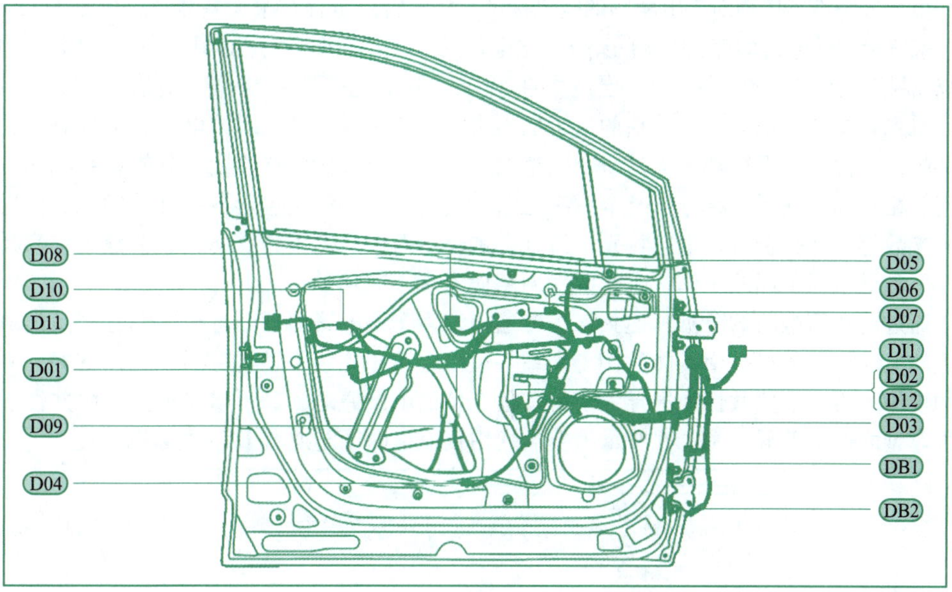

D01—驾驶员门把手天线 T6p；D02—左前玻璃升降器（防夹）T7；D03—左前低音扬声器 T2cb；
D04—左侧迎宾灯 T2bp；D05—左侧外后视镜 T16p；D06—左侧门板氛围灯 AT4aa；
D07—左侧外后视镜 2T1；D08—主驾座椅调节开关 T12；D09—主驾玻璃升降开关 T24；
D10—左侧门板氛围灯 BT4ab；D11—左前门锁 T6s；D12—左前玻璃升降器（低配）T2bk；
DB1—左前门线束与车身线束对接插头 1T22p；DI1—左前门线束与仪表线束对接插头 T22f；
DB2—左前门线束与车身线束对接插头 2T1bm。

图 1-3　左前门线束端子位置图

4. 接地点位置图

接地点位置图用于显示线束接地点在车上的具体位置，可以指导维修人员迅速准确地找到各接地点在车上的安装位置。图 1-4 所示为某接地点位置图。接地点位置图一般采用绘制的立体图或实物照片的形式，立体感强，能直观、清晰地反映接地点在车上的实际位置。

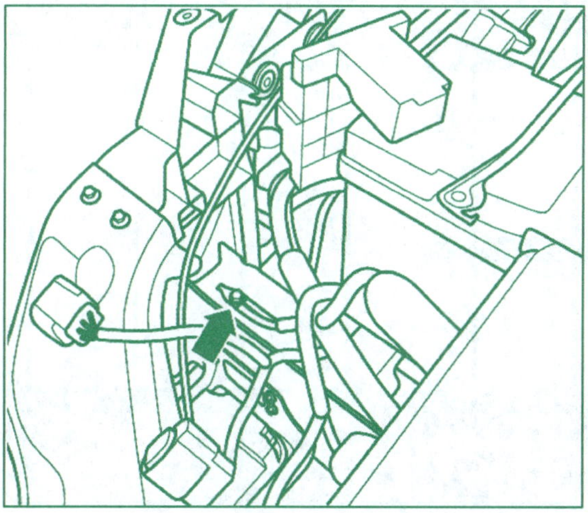

图 1-4　某接地点位置图

二、新能源汽车电路图识读方法

由于各国汽车厂商对于电路图的技术标准、标注特点等存在很大差异，故导致了不同汽车厂家所绘制的电路均存在一定的差异，给电路图的识读带来了一定的困难。但由于汽车电气系统控制原理是相通的，是遵循一定规律的，因此电路图也存在一定的识读方法。具体如下：

首先看全图，把一个个单独的系统框出来。一般来讲，各系统的电源和电源总开关是公共的，任何一个系统都应该是一个完整的电路，都应遵循回路原则，分析各系统的工作过程、相互间的联系。在分析某个系统之前，要清楚该系统所包含各部件的功能、作用和技术参数等。在分析过程中应特别注意开关和继电器触点的工作状态，大多数系统都是通过开关和继电器不同的工作状态来改变回路而实现不同功能的。

通过对典型电路的分析，达到触类旁通。许多车型电路原理图，很多部分都是类似或相近的，这样，通过一个具体的例子，举一反三，对照比较，触类旁通，可以掌握一些共同的规律，再以这些共性为指导，了解其他车型的电路原理，又可以发现更多的共性以及各种车型之间的差异。图 1-5 所示为上汽通用别克电路图与北汽 EX3 电路图对比。

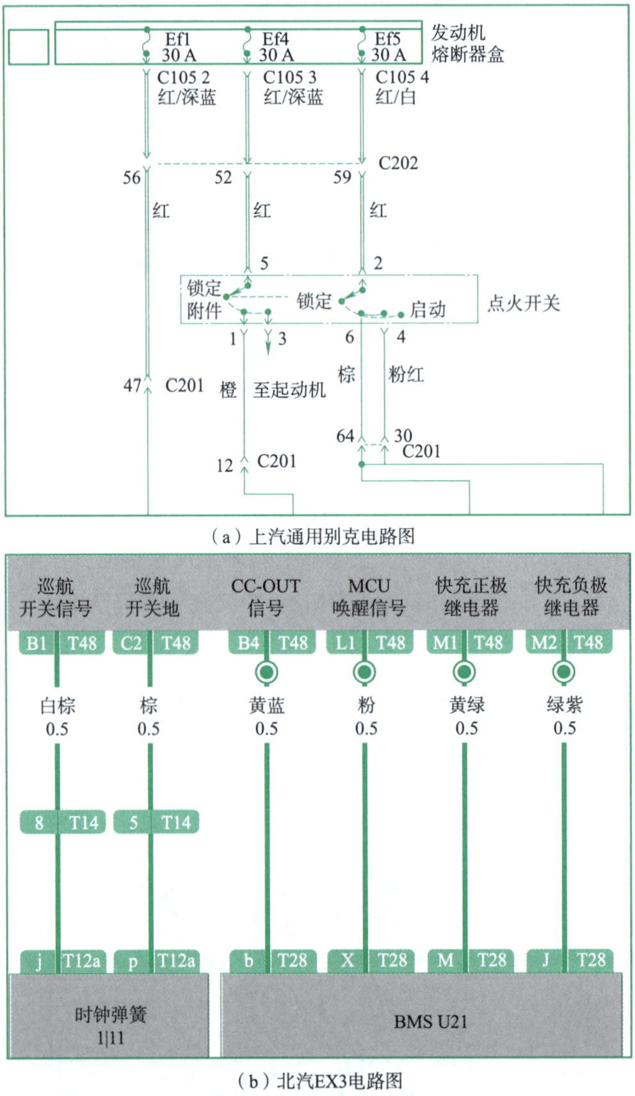

（a）上汽通用别克电路图

（b）北汽EX3电路图

图 1-5 上汽通用别克电路图与北汽 EX3 电路图对比

三、新能源汽车电路原理图识读

图 1-6 为组合仪表系统电路原理图。

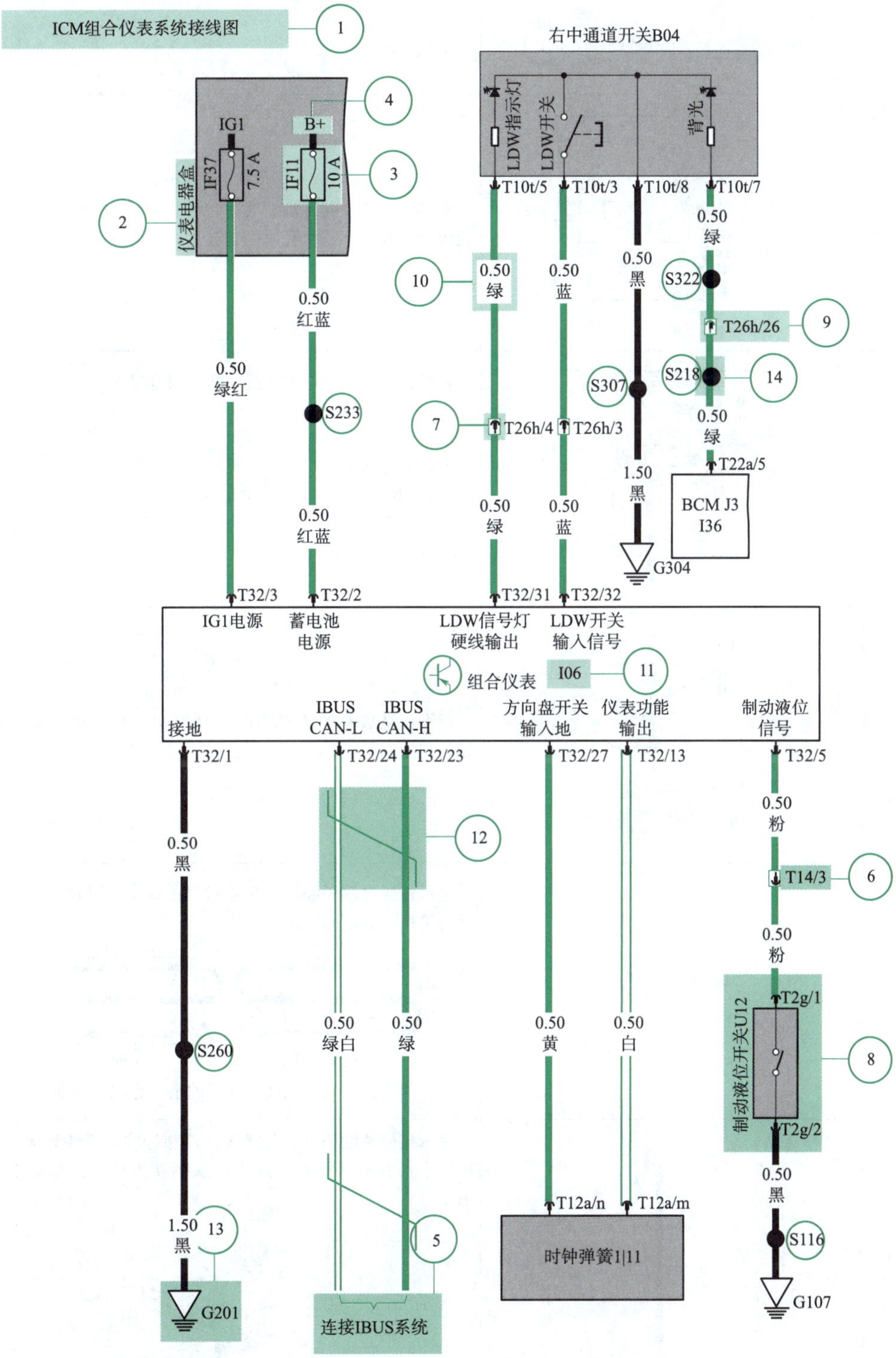

图 1-6 组合仪表系统电路原理图

电路原理图识图说明见表 1-1。

表 1-1　电路原理图识图说明

序号	图　　例	含　　义
1		系统名称
2	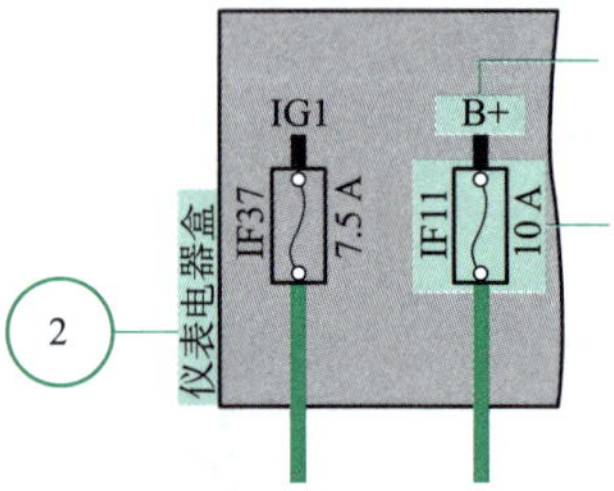	阴影表示仪表电器盒，其中包含了熔丝和继电器，除仪表板电器盒外，还配有前舱电器盒
3	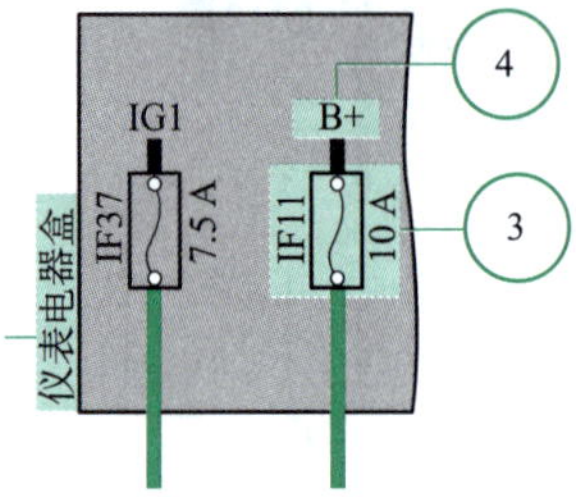	熔丝：熔丝编号由熔丝代号和序列号组成
4		电源供应状态： （1）B＋表示供应蓄电池电源； （2）IG1 表示一键启动开关在“ON”位置时，IG 继电器 IR02 87 号引脚的电源输出
5	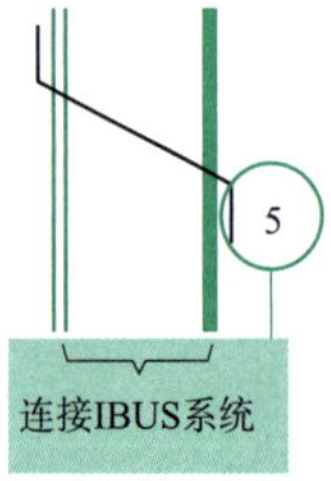	详细信息参考北汽 EX 用户手册第十章关于 IBUS 系统的相关内容
6	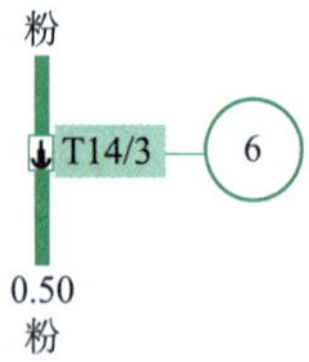	显示接插件端子编号，相互对插的线束接插件编号顺序互为镜像，如下图所示： 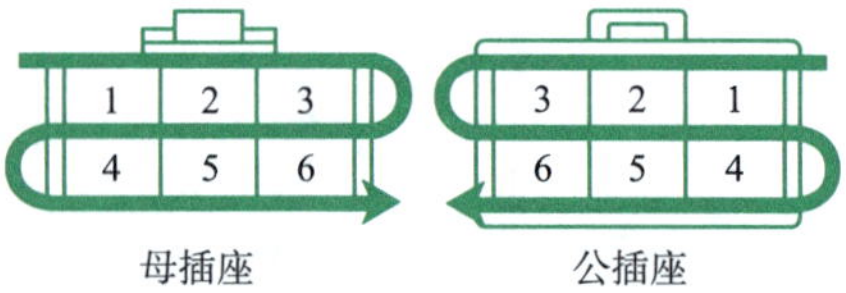 注：如果插头端子上面有标号的请以标注的为准
7	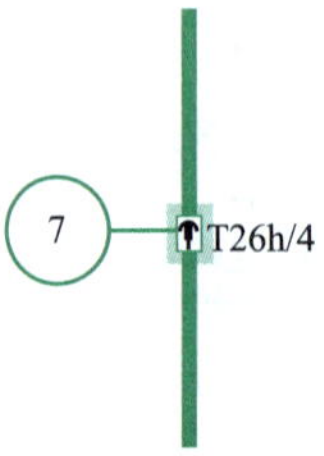	显示接插件的公母，公状接插件和母状接插件对接，并用图中①所示图标表示线束插头插接方向，连接如下图所示： 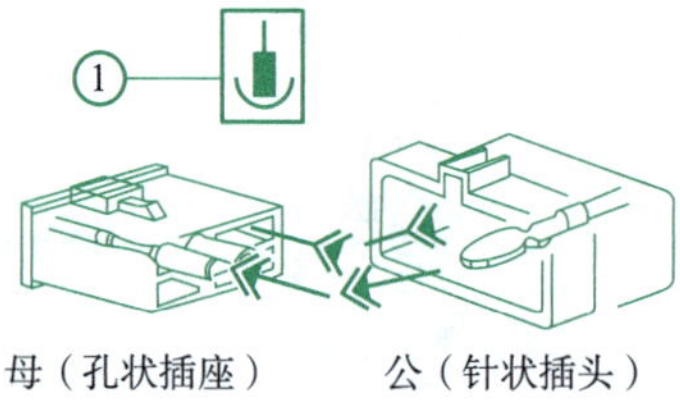

续表

序号	图　例	含　义
8	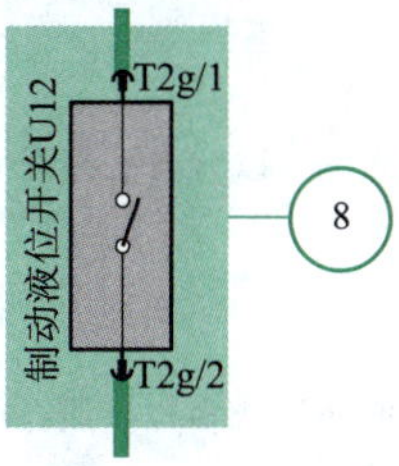	电气元件及名称
9	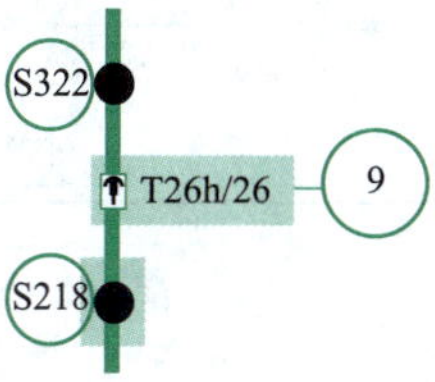	连接线束和线束的中间接插件。T00x：其中，“T”为所有插头引脚编号的前缀；00表示插头引脚数量；x表示序列号，用字母a~z来表示，可以由一个、两个或者三个字母组成，其目的是用以区分并保证端子编号在整个电路图中的唯一性
10	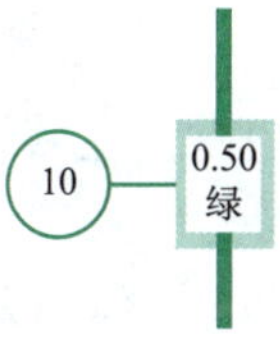	导线颜色： 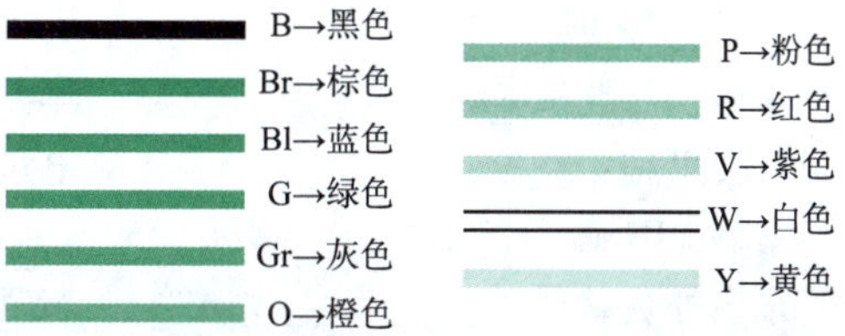 如果一根导线有两种颜色，第一个字母表示基本接线颜色，第二个字母表示的是条纹颜色。它们用“/”区分开。例如，Y/W表示以黄色为背景色，同时上面有白色条纹的导线，如下图所示： 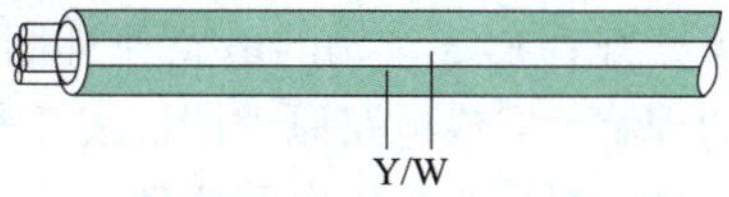
11	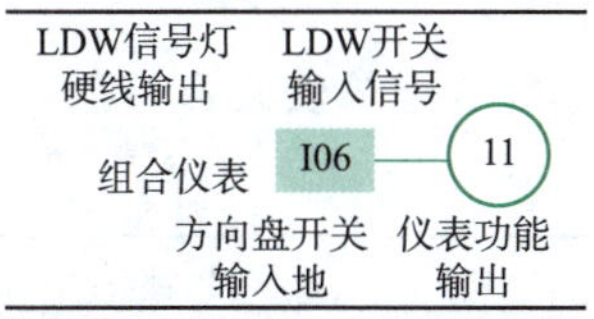	线束接插件名称
12	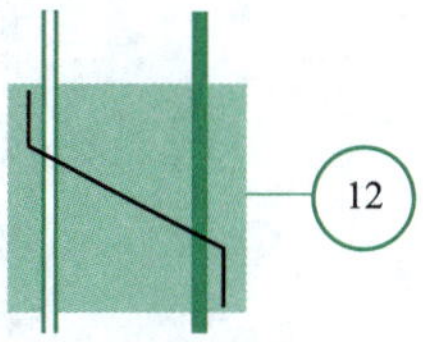	导线的外表覆盖有金属网，采用屏蔽线，外来的干扰信号可被该层导入大地，避免干扰信号进入内层导体，同时降低传输信号的损耗

续表

序号	图　例	含　义
13		接地编号：接地点编号以 G 开头序列编号
14	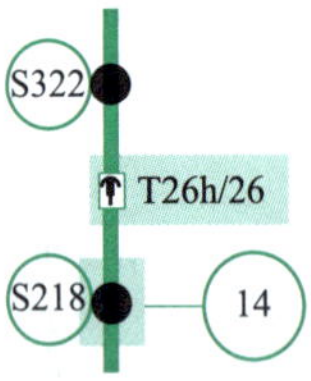	导线拼接点：表明两根或多根导线在此处相交。显示导线的未拼接、拼接如下图所示： 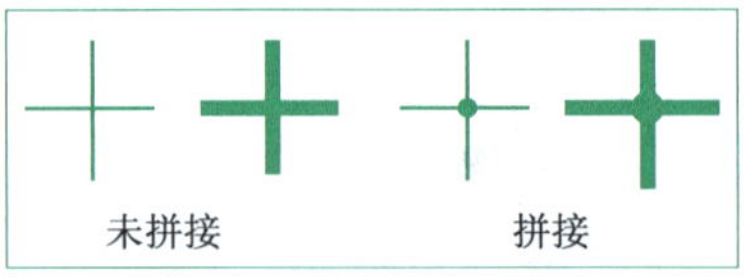

项目实操

一、项目情景

1. 车辆信息

车型：__北汽 EX3__　　　　年款：__2019__

行驶里程：__________　　　　电量：__________

车辆 VIN 码：__________

车辆外观状况：__________　　　　车辆内饰状况：__________

2. 具体情景

客户反映，在车辆使用过程中发现一直有“嗡嗡”的声音。你作为新能源汽车维修学员，经对车辆检查发现“嗡嗡”声音是由真空泵发出，初步判断真空泵控制系统存在异常，需要查看 EX3 车辆的电路原理图，了解其工作原理后再进行诊断修复。请根据对电路图的理解，完成电路原理图识读任务。

EX3 真空泵控制系统电路原理图见图 1-1。

二、小组划分

电路原理图认知采用划分小组的形式开展，各小组完成记录表见表 1-2。

表 1-2　实训小组记录表

班级：	组名：	组长：	项目名称：
组员：			
成员任务职责	组长负责本学习任务的小组组织、决策、安全管理等		
	组员负责： （1）安全监督以及完成组内其他学习任务； （2）工具备料以及完成组内其他学习任务； （3）技术资料准备以及完成组内其他学习任务； （4）常规操作以及完成组内其他学习任务； （5）文本记录以及完成组内其他学习任务		

三、电路原理图识读

新能源汽车电路原理图识读实训按表 1-3 相关内容完成。

表 1-3　电路原理图识读实训表

序号	图　示	解　析	
1	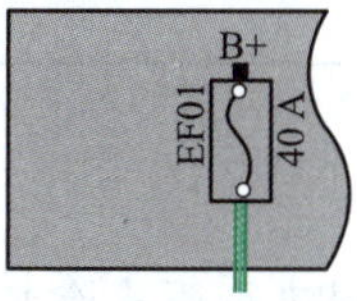	模块名称	
		熔丝型号	
		熔丝特性	
		B +	
2	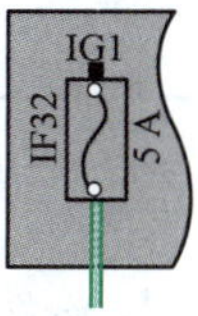	模块名称	
		熔丝型号	
		熔丝特性	
		IG1	
3		线束颜色	
		线束特性	
4	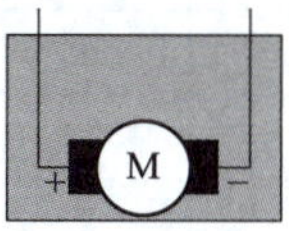	图例含义	
5		图例含义	
6		图例含义	

质量检查

一、小组自检

各小组对照项目目标，参照表 1-4 对项目实施过程进行再次检查确认，保证新能源汽车电路原理图识读的完整性及准确性。

表 1-4　小组自检表

序号	检 查 项 目	检 查 结 果
1	各图例含义是否完全掌握	□是　□否
2	掌握汽车电路图分类	□是　□否
3	掌握汽车电路图查阅方法	□是　□否
4	正确完成 EX3 电路图识读	□是　□否

二、教师检查

教师根据各小组项目完成情况，参照表 1-5，对诊断结果进行质量检查，并对各小组项目实施过程中所存在的问题提出改进措施与建议。

表 1-5　教师检查表

<table>
<tr><td>班级：</td><td colspan="2">组名：</td><td>成绩：</td></tr>
<tr><td colspan="4">项目名称：</td></tr>
<tr><td colspan="2">评 价 项 目</td><td>分数</td><td>教师评价</td></tr>
<tr><td rowspan="4">职业素养（10 分）</td><td>团队协作能力</td><td>2</td><td></td></tr>
<tr><td>计划组织能力</td><td>2</td><td></td></tr>
<tr><td>诊断分析能力</td><td>2</td><td></td></tr>
<tr><td>质量意识</td><td>4</td><td></td></tr>
<tr><td rowspan="5">职业技能（76 分）</td><td>掌握电路图分类</td><td>8</td><td></td></tr>
<tr><td>查阅维修手册</td><td>20</td><td></td></tr>
<tr><td>正确识读电路图</td><td>20</td><td></td></tr>
<tr><td>掌握各图示含义</td><td>20</td><td></td></tr>
<tr><td>反思不足</td><td>8</td><td></td></tr>
<tr><td rowspan="2">安全考评（14 分）</td><td>落实“5S”</td><td>7</td><td></td></tr>
<tr><td>安全操作</td><td>7</td><td></td></tr>
<tr><td>存在问题及改进措施</td><td colspan="3"></td></tr>
<tr><td colspan="3">总成绩</td><td></td></tr>
</table>

讨论提升

不同品牌车辆的电路原理图会存在一定不同，为了提高对汽车电路原理图的熟悉程度，请以小组为单位，利用互联网资源，查询、整理、讨论当前主流车型的电路原理图示例，并说明各电路原理图的特点以及不同之处。

评价反馈

小组成员完成新能源汽车电路原理图识读的项目后，每位成员对课程内容及个人实操表现进行反思总结。

①你认为本项目的重难点是什么？

②项目实施过程中是否遇到问题？你是怎么解决的？

③请对你在项目实施过程中的表现进行总结和反思。

拓展阅读

5S 的含义

“5S”是指整理（seiri）、整顿（seiton）、清扫（seiso）、清洁（seiketsu）和素养（shitsuke）这五个词日文拉丁化首字母的缩写，是开展以整理、整顿、清扫、清洁和素养为内容的现场管理活动。通过“5S”活动不但可以规范生产现场管理，提高工作效率，更重要的是促进逻辑性思维习惯和职业素养培育。

“5S”活动也是课程实训的练习项目内容之一，通过实训现场“5S”活动不断巩固和强化规范意识、安全意识的职业素养培养。结合实训课程工具管理、资料管理等现场管理“5S”活动培养基本职业素养，树立规范意识和安全生产意识。

项目二 新能源汽车故障诊断仪认知

项目引入

汽车故障诊断仪也可称为汽车诊断仪、汽车诊断电脑等，是一种用于车辆故障诊断的设备。汽车故障诊断仪通过车辆的对外输出诊断接口（OBD）进行通信，读取存储于车辆控制系统内的故障信息，并将其翻译为维修人员便于理解的故障信息。在车辆维修和保养过程中，汽车故障诊断仪扮演着非常重要的角色。通过本项目的学习，掌握新能源汽车故障诊断仪的使用，可快速准确读取新能源汽车的故障信息。

项目目标

1. 知识目标

（1）能够描述新能源汽车故障诊断仪的作用；

（2）能够准确认知新能源汽车故障诊断仪各部分组成。

2. 技能目标

（1）能够独立连接新能源汽车故障诊断仪；

（2）能正确使用新能源汽车故障诊断仪对新能源汽车进行故障诊断；

（3）能够使用新能源汽车故障诊断仪读取各系统数据流。

3. 素养目标

培养分工合作的团队精神。

知识链接

一、汽车故障诊断仪简介

汽车故障诊断仪通常可分为通用诊断仪和专用诊断仪两大类。通用诊断仪的用途广泛，能够适配不同车型，价格相对低廉，功能简单，一般在汽修厂内配置使用。专用诊断仪则是厂家针对某一特定车型开发，其功能强大，价格昂贵，一般仅向代理商或特约4S店提供，使用范围受到限制。

汽车故障诊断仪的主要功能有：

①读取故障代码：通过与车辆诊断接口通信，读取存储在车载电脑内部的故障代码信息，便于维修人员分析故障原因。

②清除故障代码：清除存储在车载电脑内部的故障代码。一般用于故障排除后，清除故障代码，相应故障灯熄灭。

③读取各系统模块动态/静态数据流：对传感器和执行器的数据流进行实时读取，如

挡位信息、车速信息、电池温度等。

④读取车辆基本信息：可读取车辆的 VIN、ECU 版本等信息。

⑤动作测试又称执行元件测试：通过与车载电脑通信，向执行元件发送动作命令，并执行相应的动作，以此来判断该元件是否存在损坏。

⑥匹配、设定和编码等功能：利用诊断仪还可以对汽车电子控制系统进行基本的调整和设置。

⑦其他相关诊断功能：部分诊断仪还具备 ECU 标定、ECU 刷写、汽车防盗系统或钥匙匹配、汽车动力升级等功能。

二、新能源汽车故障诊断仪

新能源汽车相较于传统燃油汽车而言，电控系统明显增多且愈加复杂，因此在新能源汽车的维修过程中，故障诊断仪对于故障范围的判断更加重要。目前市场上故障诊断仪品牌众多，但其使用和操作流程基本类似，即便是新能源汽车与传统燃油汽车的使用方法也是相同的。下面以欧克勒亚 TabScan S7M 汽车智能快修快保仪为例，对新能源汽车故障诊断仪的使用进行介绍。

欧克勒亚 TabScan S7M 汽车智能快修快保仪主要由诊断仪主机、蓝牙诊断接口、电源适配器和 USB 数据线组成，如图 2-1 所示。

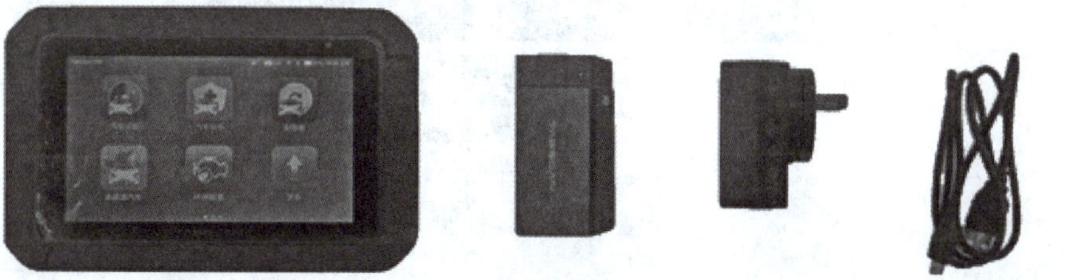

（a）诊断仪主机　（b）蓝牙诊断接口　（c）电源适配器　（d）USB数据线

图 2-1　诊断仪组成

诊断仪与诊断接口通过蓝牙无线连接，USB 数据线可以将诊断仪与电脑连接后互传数据。以北汽新能源汽车 EU5 为故障诊断对象，介绍诊断仪的详细使用流程如下：

①连接蓝牙诊断接口与车辆。查找 EU5 车辆的 OBD Ⅱ 接口位置，位于驾驶员腿部下方位置，将诊断仪的蓝牙诊断接口与 OBD Ⅱ 接口相连接。正常连接后，蓝牙诊断接口绿灯闪烁，如图 2-2 所示。

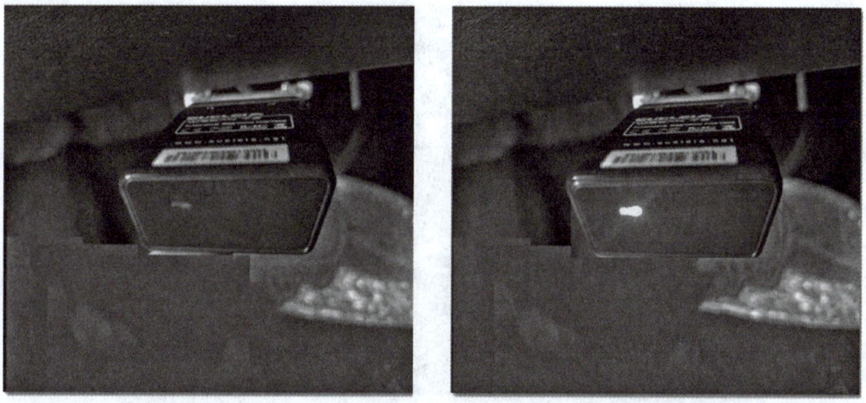

（a）指示灯未亮　（b）指示灯点亮

图 2-2　蓝牙诊断接口绿灯闪烁

②打开诊断仪主机电源，电源位置如图 2-3 所示。

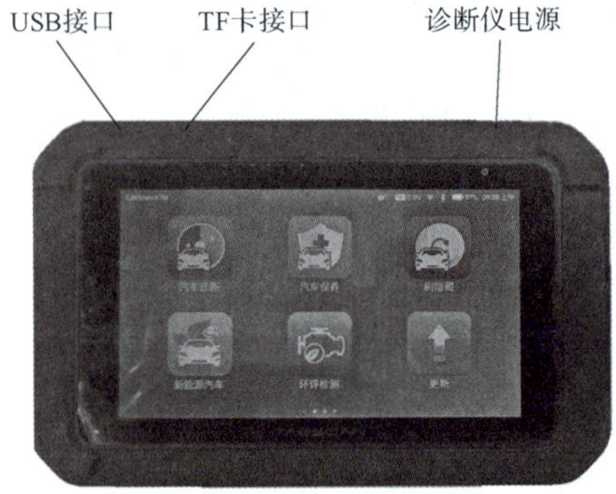

图 2-3　诊断仪主机电源位置示意图

③踩下制动踏板，按一键启动开关，启动车辆。

④蓝牙连接。诊断仪开机后蓝牙自动与诊断接口配对连接。蓝牙连接成功后，诊断仪右上角的车辆图形旁出现绿色对钩，同时可以看到当前蓄电池电压为 13.1 V；如果未连接成功，则车辆图形旁为红色标识，且蓄电池电压显示为 0 V，如图 2-4 所示。

图 2-4　诊断仪与蓝牙诊断接头连接示意图

⑤进入汽车诊断页面。点击首页“汽车诊断”图标，进入汽车诊断功能模块，如图 2-5 所示。

图 2-5　汽车诊断功能模块

⑥选择车型信息。根据实训车辆为北汽新能源 EU5，依次在汽车品牌选择页面选择“北汽新能源”→“系列及车型”→“确认”，如图 2-6 所示。

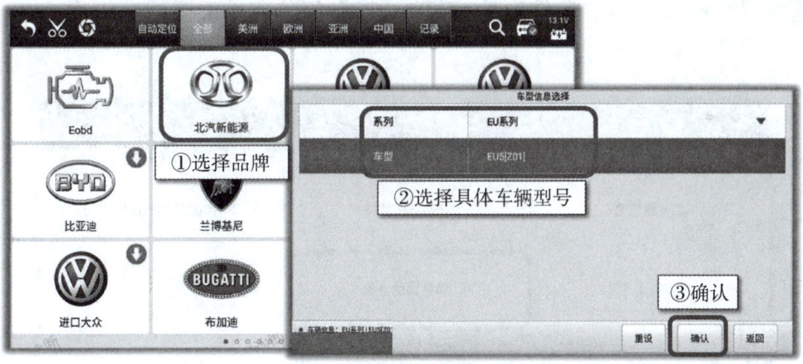

图 2-6　选择车型信息

⑦开始故障扫描。在故障诊断主菜单页面，依次选择“控制系统”→“一键扫描”，诊断仪自动扫描 EU5 车辆的所有电控系统，并对系统是否有故障进行标识，如图 2-7 所示。

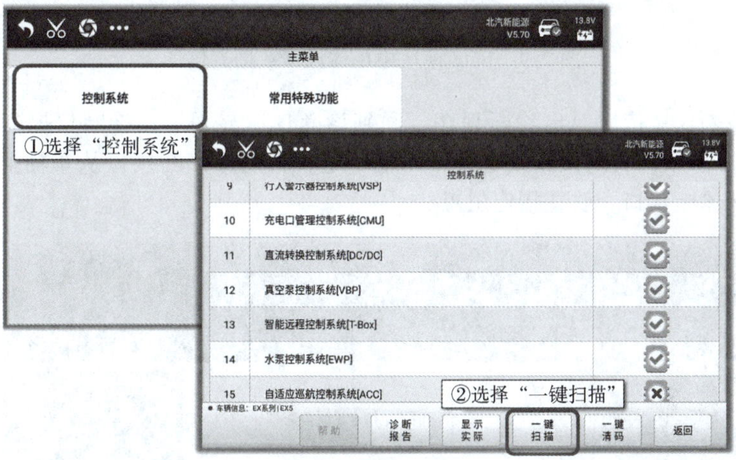

图 2-7　故障扫描

⑧查看诊断报告。待整车电控系统扫描完成后，单击“诊断报告”，即可看到当前系统所有故障信息，包括故障系统、故障代码、故障状态、故障描述等信息，如图 2-8 所示。其中，如果故障代码状态显示为“历史的”，则建议对系统进行“一键清码”后，再次读取故障代码。

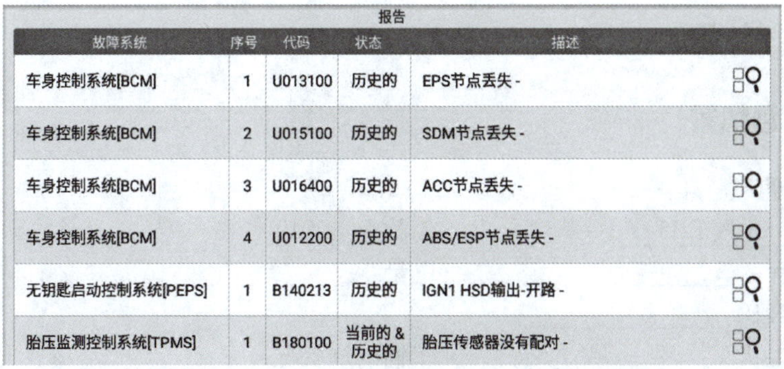

报告

故障系统	序号	代码	状态	描述
车身控制系统[BCM]	1	U013100	历史的	EPS节点丢失 -
车身控制系统[BCM]	2	U015100	历史的	SDM节点丢失 -
车身控制系统[BCM]	3	U016400	历史的	ACC节点丢失 -
车身控制系统[BCM]	4	U012200	历史的	ABS/ESP节点丢失 -
无钥匙启动控制系统[PEPS]	1	B140213	历史的	IGN1 HSD输出-开路 -
胎压监测控制系统[TPMS]	1	B180100	当前的 & 历史的	胎压传感器没有配对 -

图 2-8　故障诊断报告

⑨查看 BMS 模块数据流信息。在故障诊断扫描完成后，点击“动力电池控制系统（BMS）”进入该模块，可以进一步查看该模块的电脑信息、读故障码、数据流以及特殊功能。依次选择“数据流”→“单体温度信息”，查看各单体电池模组的温度详情，如图 2-9 所示。

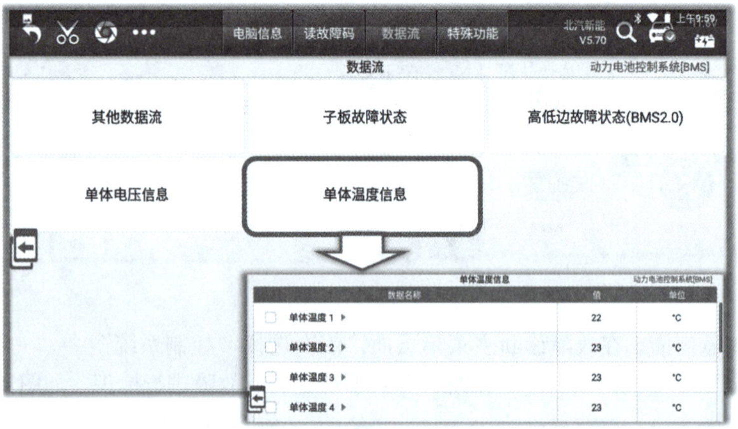

图 2-9　BMS 模块中单体温度数据流信息

⑩退出诊断仪。依次退出诊断程序，回到诊断仪主界面后，诊断仪提醒带走诊断接头，如图 2-10 所示。关闭诊断仪电源，车辆下电，将蓝牙诊断接口从车辆上取下。整理诊断仪、蓝牙诊断接口，放置指定位置。

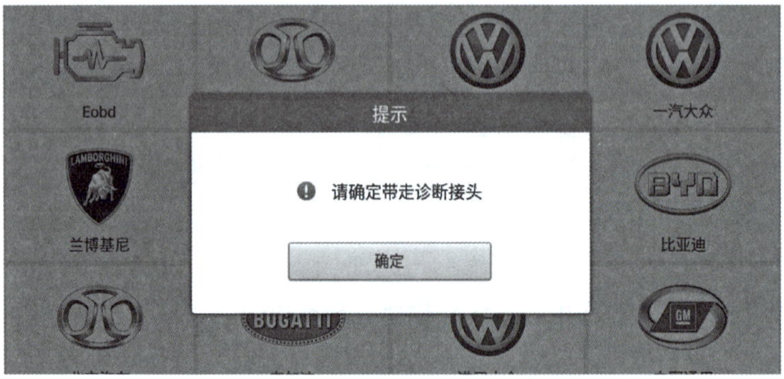

图 2-10　诊断仪提醒带走诊断接头

项目实操

一、项目情景

1. 车辆信息

车型：＿北汽 EU5＿　　　　年款：＿2019＿

行驶里程：＿＿＿＿＿＿　　　电量：＿＿＿＿＿＿

车辆 VIN 码：＿＿＿＿＿＿

车辆外观状况：＿＿＿＿＿＿　　车辆内饰状况：＿＿＿＿＿＿

2. 具体情景

作为新能源汽车维修学员，接到了新能源汽车故障诊断仪认知与使用的任务，请按照操作注意事项开始使用新能源汽车故障诊断仪，完成故障诊断仪连接、故障代码读取、数据流读取等任务。

3. 设备及工具清单

新能源汽车故障诊断仪。

二、小组划分

实践操作训练采用划分小组的形式开展，各小组完成记录表见表2-1。

表2-1　实训小组记录表

<table>
<tr><td>班级：</td><td>组名：</td><td>组长：</td><td>项目名称：</td></tr>
<tr><td colspan="4">组员：</td></tr>
<tr><td rowspan="2">成员任务职责</td><td colspan="3">组长负责本学习任务的小组组织、决策、安全管理等</td></tr>
<tr><td colspan="3">组员负责：
（1）安全监督以及完成组内其他学习任务；
（2）工具备料以及完成组内其他学习任务；
（3）技术资料准备以及完成组内其他学习任务；
（4）常规操作以及完成组内其他学习任务；
（5）文本记录以及完成组内其他学习任务</td></tr>
</table>

三、诊断仪使用

新能源汽车故障诊断仪实训按表2-2相关内容完成。

表2-2　诊断仪实训表

<table>
<tr><th>序号</th><th>操作步骤</th><th colspan="2">作业内容</th><th>记　录</th></tr>
<tr><td rowspan="5">1</td><td rowspan="5">场地准备</td><td colspan="2">车辆检查</td><td></td></tr>
<tr><td colspan="2">设置安全警示牌</td><td></td></tr>
<tr><td colspan="2">设置隔离栏杆</td><td></td></tr>
<tr><td colspan="2">安装车辆挡块</td><td></td></tr>
<tr><td colspan="2">安装车内三件套</td><td></td></tr>
<tr><td rowspan="4">2</td><td rowspan="4">连接诊断仪</td><td colspan="2">连接蓝牙模块与车辆OBD接口</td><td></td></tr>
<tr><td colspan="2">确认诊断仪与车辆连接正常</td><td></td></tr>
<tr><td colspan="2">车辆上电</td><td></td></tr>
<tr><td colspan="2">检查车辆蓄电池电压</td><td></td></tr>
<tr><td rowspan="4">3</td><td rowspan="4">读取故障代码</td><td colspan="2">故障代码</td><td>故障详情</td></tr>
<tr><td colspan="2"></td><td></td></tr>
<tr><td colspan="2"></td><td></td></tr>
<tr><td colspan="2"></td><td></td></tr>
<tr><td rowspan="2">4</td><td rowspan="2">读取PEU数据流</td><td>数据名称</td><td>数值</td><td>单位</td></tr>
<tr><td></td><td></td><td></td></tr>
</table>

续表

序号	操作步骤	作业内容		记录
4	读取 PEU 数据流			
5	读取 BMS 数据流	数据名称	数值	单位
6	断开诊断仪	退出诊断程序		
		关闭诊断仪电源		
		断开蓝牙模块与车辆 OBD 连接		
		车辆下电		
		整理诊断仪，放至指定位置		
7	场地恢复	拆卸车内三件套		
		将安全警示牌、隔离栏杆、车轮挡块等放至指定位置		
		清洁、整理现场		

质量检查

一、小组自检

各小组对照项目目标，参照表 2-3 对项目实施过程进行再次检查确认，保证诊断仪认知与使用的完整性及准确性。

表 2-3　小组自检表

序号	检查项目	检查结果
1	操作前规范进行检查并设置警戒区域	□是　□否
2	规范连接新能源汽车故障诊断仪	□是　□否
3	正确读取故障代码	□是　□否
4	正确读取数据流	□是　□否
5	规范断开新能源汽车故障诊断仪	□是　□否
6	完成后规范恢复场地、设备及车辆	□是　□否

二、教师检查

教师根据表 2-4 所示，结合各小组项目完成情况，对诊断仪认知与使用的结果进行质量检查，并对各小组项目实施过程中所存在的问题提出改进措施与建议。

表 2-4　教师检查表

班级：	组名：	成绩：	
项目名称：			
评 价 项 目		分数	教师评价
职业素养（10 分）	团队协作能力	2	
	计划组织能力	2	
	诊断分析能力	2	
	质量意识	4	
职业技能（76 分）	发现并确认故障现象	8	
	分析故障原因	20	
	制订故障排除方案	20	
	实施故障诊断流程	20	
	检验或提出维护建议	8	
安全考评（14 分）	落实“5S”	7	
	安全操作	7	
存在问题及改进措施			
总成绩			

讨论提升

不同品牌车辆的 OBD 接口位置会有所不同，为了提高对 OBD 接口位置的熟悉程度，请以小组为单位，利用互联网资源，查询、整理、讨论当前主流车型的 OBD 接口位置。

评价反馈

小组成员完成新能源汽车故障诊断仪认知与使用的项目后，每位成员对课程内容及个人实操表现进行反思总结。

①你认为本项目的重难点是什么？

②项目实施过程中是否遇到问题？你是怎么解决的？

③请对你在项目实施过程中的表现进行总结和反思。

拓展阅读

全球首座第四代核电站商运投产

中国具有完全自主知识产权的国家科技重大专项——华能石岛湾高温气冷堆核电站示范工程于2023年12月6日商运投产，成为世界首个实现模块化第四代核电技术商业化运行的核电站，标志着中国在高温气冷堆核电技术领域实现了全球领先，对推动中国实现高水平科技自立自强、建设能源强国具有重要意义。

高温气冷堆是国际公认的第四代核电技术先进堆型，是世界核电未来发展的重要方向。在丧失所有冷却能力的情况下，不采取任何干预措施，反应堆都能保持安全状态，不会出现堆芯熔毁和放射性物质外泄。该示范工程是世界首座球床型模块化高温气冷堆项目，位于山东省荣成市，由中国华能牵头，联合清华大学、中核集团共同建设。

项目三 整车控制系统故障检修

项目引入

整车控制器是新能源汽车的大脑，通过判断驾驶员操作意图，同时结合车辆载荷、电池容量、路面情况等变量，调节车辆的动力性、经济性和舒适性，使车辆运行在最佳状态。整车控制器的主要功能有：自诊断、驱动控制、能量管理、底盘控制、车载通信和信息处理等。通过本项目的学习，掌握新能源汽车整车控制系统的构成与基本原理，以及整车控制系统故障检修方法。

项目目标

1. 知识目标

(1) 了解新能源汽车整车控制系统基本工作原理；
(2) 掌握新能源汽车整车控制系统的 CAN 通信特点；
(3) 能准确识读并独立解析整车控制系统电路图；
(4) 能叙述 EU5/EX3 EV CAN 的控制原理和逻辑。

2. 技能目标

(1) 能独立排查检测出整车控制系统故障；
(2) 能根据故障原因制定整车控制系统的排故方案；
(3) 能正确使用测量器具对整车控制系统进行故障诊断；
(4) 能根据故障诊断结果提出维修建议。

3. 素养目标

培养一丝不苟的工匠精神。

知识链接

一、整车控制系统介绍

新能源汽车整车控制系统是指用于控制和管理新能源汽车各个子系统和组件的集成系统。它的主要作用包括以下几方面：

①驱动控制：新能源汽车整车控制系统负责控制电动驱动系统的运行，包括电动机的启停、加速、减速、制动等操作。它根据驾驶员的需求和车辆状态，通过控制电池系统和电动机控制器，实现驱动力的精确控制和调节。

②能量管理：新能源汽车整车控制系统监测和管理电池系统的能量状态，包括电池的电量、电压、温度等参数。它通过智能算法和控制策略，优化电池的充放电过程，延长电

池寿命，提高能量利用效率，并确保车辆的续航里程和动力性能。

③制动系统控制：新能源汽车整车控制系统负责控制制动系统的运行，包括制动力的分配和调节。它可以根据车速、驾驶模式和路况等因素，智能地控制电动制动和回馈制动，提供更稳定和安全的制动性能。

④底盘控制：新能源汽车整车控制系统还可以控制底盘系统，包括悬架系统、转向系统和车身稳定性控制系统等。它根据车辆的动态状态和驾驶需求，调节悬架刚度、减震效果和转向力度，提供更优秀的操控性和行驶稳定性。

⑤车载通信和信息处理：新能源汽车整车控制系统通过车载通信技术，与车辆上的各个子系统和外部环境进行数据交换和信息传递。它可以收集和处理来自传感器、摄像头、雷达等设备的数据，实现车辆的感知和决策，提供高级驾驶辅助功能和智能化的交通服务。

总体而言，新能源汽车整车控制系统的作用是确保新能源汽车各个子系统之间的协调运行，提高能源利用效率，提升行驶安全性和舒适性，以及实现车辆智能化和互联互通。它是新能源汽车关键的控制和管理系统，对于整车性能和用户体验起着重要的作用。

二、CAN 数据传输网络系统认知

1. CAN 网络定义

CAN 网络是 controller area network（控制器局域网络）的缩写，是一种用于实时通信的串行通信协议。它最初是由德国 Bosch 公司在 1986 年开发的，旨在解决汽车电子系统中的通信需求问题。如今，CAN 网络已经广泛应用于许多领域，包括汽车、工业自动化、航空航天等。

2. CAN 网络特点

作为广泛应用的一种通信协议，CAN 网络具有诸多优点：

（1）可靠性高

CAN 网络是一种高度可靠的通信协议，能够在恶劣的环境条件下工作。CAN 网络使用差分信号传输，能够有效抵抗电磁干扰和噪声，保证数据传输的可靠性。CAN 网络抗干扰工作原理如图 3-1 所示。

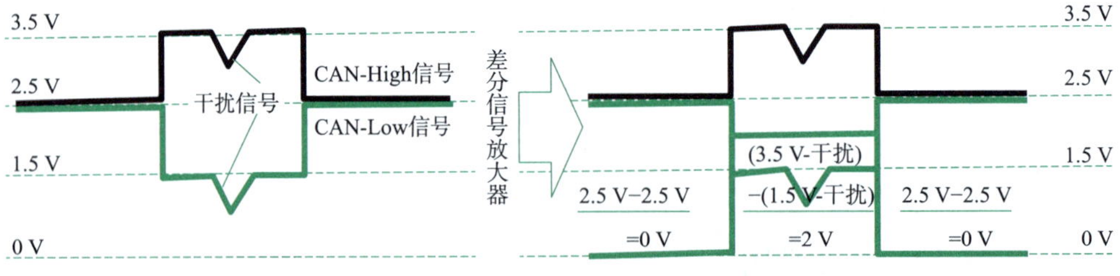

图 3-1　CAN 网络抗干扰工作原理

（2）实时性好

CAN 网络具有较高的实时性能。它采用了优先级机制，可以根据消息的重要性和紧急程度进行调度，确保关键数据的及时传输。

（3）数据密度大

CAN 网络还支持多主机通信，多个节点可以同时发送和接收数据，实现分布式控制和协同工作。图 3-2 所示为迈腾汽车 CAN 总线网络。

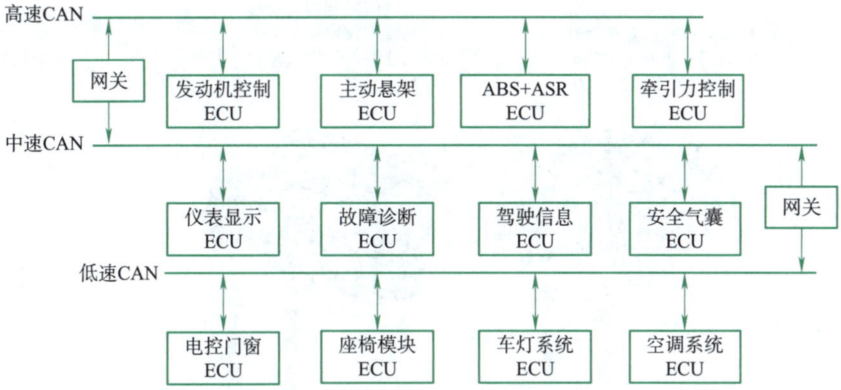

图 3-2　迈腾汽车 CAN 总线网络

（4）使用成本低

CAN 网络具有较低的成本和简单的物理连接。CAN 总线只需要两根线缆，即 CAN-H 和 CAN-L，减少了硬件成本和布线复杂性。图 3-3 所示为双绞线。

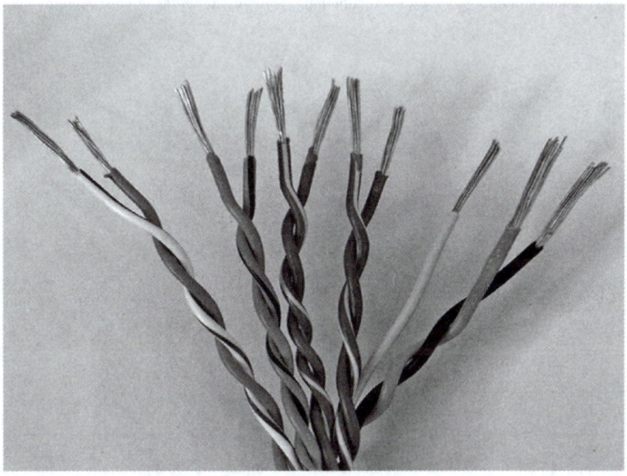

图 3-3　双绞线

3. CAN 网络工作原理

CAN 网络采用总线拓扑结构，其结构如图 3-4 所示。所有节点通过共享同一根总线进行通信。

①每个节点都有一个 CAN 控制器，负责管理节点的发送和接收操作。

②数据以帧的形式进行传输，每个帧包含标识符、数据和一些控制字段。

③当一个节点要发送数据时，它首先检查总线是否空闲，然后发送帧的标识符和数据。

④其他节点接收到帧后，会检查标识符，如果匹配，则接收数据。

⑤在数据传输过程中，CAN 网络使用差分信号进行传输，以提高抗干扰能力。

⑥如果多个节点同时发送数据，可能会发生冲突。CAN 网络使用非破坏性冲突检测机制，冲突的节点会停止发送，并在稍后的时间重新发送数据。

⑦CAN 网络还支持错误检测和纠正机制，如循环冗余校验（CRC）和错误帧的发送。

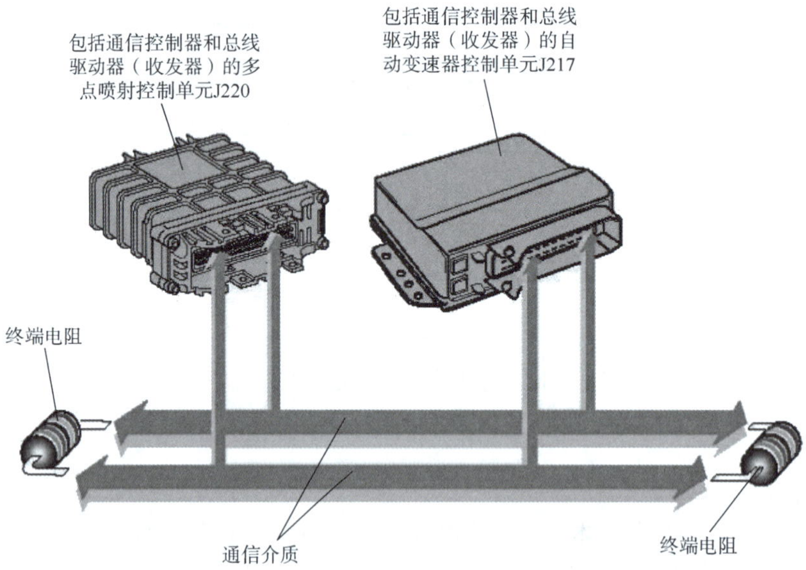

图 3-4　CAN 网络的结构组成

项目实操一

一、项目情景

1. 车辆信息

车型：北汽 EU5　　　　年款：2019

行驶里程：________　　　　电量：________

车辆 VIN 码：________

车辆外观状况：________　　　　车辆内饰状况：________

2. 故障现象

客户反映：车辆无法上电行驶，仪表显示电动机故障，灯光及暖风、中控可以使用。

3. 设备及工具清单

车用万用表、示波器、新能源汽车故障诊断仪，如图 3-5 所示。

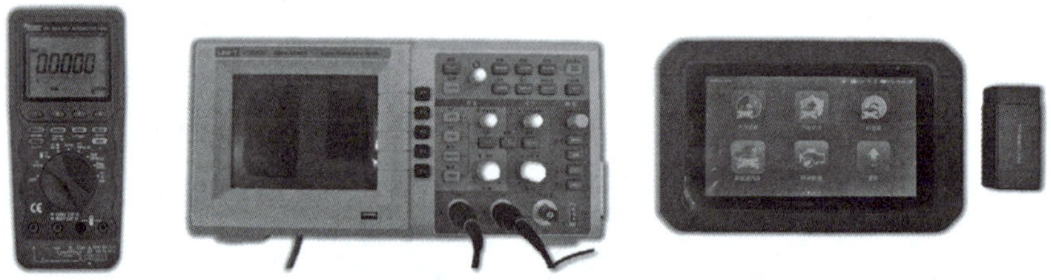

（a）车用万用表　（b）示波器　（c）新能源汽车故障诊断仪

图 3-5　设备示意图

二、小组划分

整车控制系统故障实践采用划分小组的形式开展，实训小组记录表见表 3-1。

表 3-1　实训小组记录表

<table>
<tr><td>班级：</td><td>组名：</td><td>组长：</td><td>项目名称：</td></tr>
<tr><td colspan="4">组员：</td></tr>
<tr><td rowspan="2">成员任务职责</td><td colspan="3">组长负责本学习任务的小组组织、决策、安全管理等</td></tr>
<tr><td colspan="3">组员负责：
（1）安全监督以及完成组内其他学习任务；
（2）工具备料以及完成组内其他学习任务；
（3）技术资料准备以及完成组内其他学习任务；
（4）常规操作以及完成组内其他学习任务；
（5）文本记录以及完成组内其他学习任务</td></tr>
</table>

三、故障确认

1. 一般故障诊断流程

故障诊断依据图 3-6 所示流程进行，完成发现故障、确认故障、分析故障、排除故障、结果检验等步骤，掌握故障诊断与排除的基本方法。

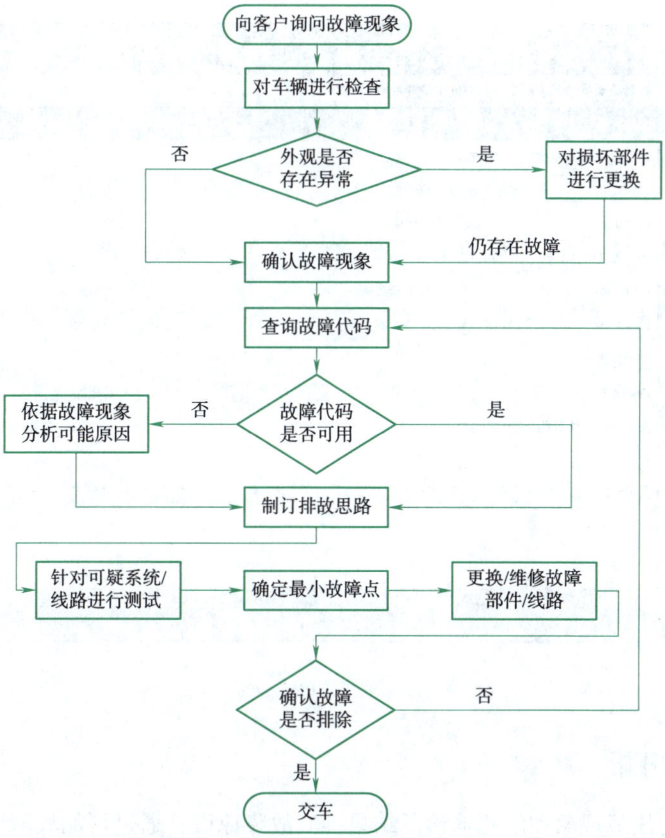

图 3-6　故障诊断流程

2. 车辆基本检查

根据车辆故障现象，确定基本检查项目并完成表 3-2 所列基本检查。

表 3-2 基本检查项目表

序号	检查项目	检查方法	技术要求	检查结果（√或×）
1	车辆仪表板	目测	仪表显示正常，无故障灯	×
2	其他用电器	操作	调节灯光，打开暖风，操作中控屏	√
3	动力电池箱	听声音	车辆启动上电，高压继电器会吸合发出“嗒嗒”声	×
4	车辆行驶	操作	启动车辆并驱动电动机转动，车辆行驶正常	×

注：表中√表示检查结果符合要求；×表示检查结果不符合要求，下同。

经检查，可确认故障现象为：打开点火开关，踩下制动踏板车辆不能上电，高压继电器没有吸合的声音，仪表显示电动机故障，其他低压用电器如灯光音响等可操作，根据以上推断高压系统出现问题。

3. 查询故障代码

连接诊断设备对整车系统进行扫描，查询故障代码，诊断仪故障代码分别如图 3-7、图 3-8、图 3-9 所示，诊断结果：与车辆连接成功后，发现多个系统与 MCU 无法通信，同时网关包 EVCAN 线故障。

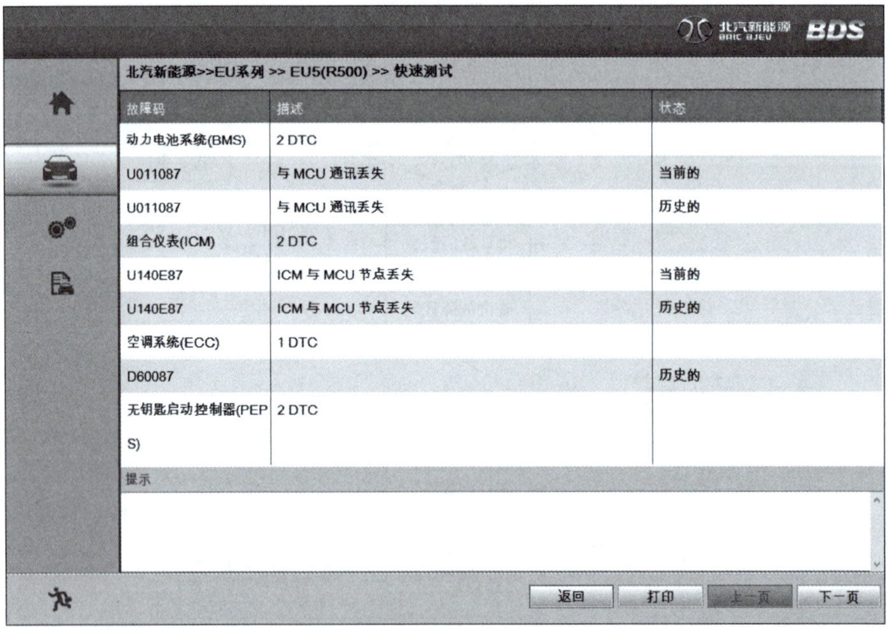

图 3-7 诊断仪故障代码-1

四、故障分析

根据当前的故障现象和解码器诊断结果推测故障原因，通过可能故障原因制订排故计划与操作流程。

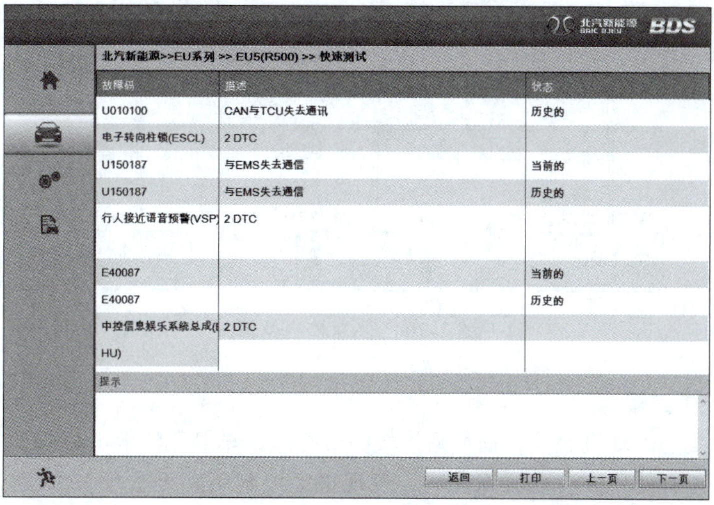

图 3-8　诊断仪故障代码-2

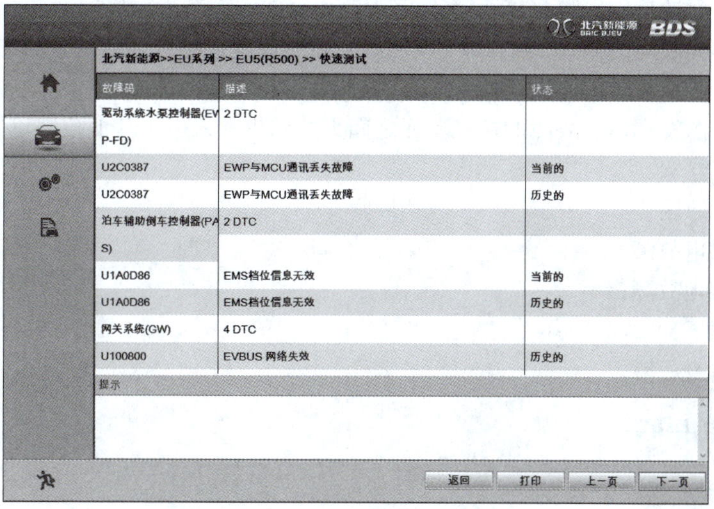

图 3-9　诊断仪故障代码-3

1. 相关控制原理

查阅北汽 EU5 维修手册中整车控制系统电路原理图。整车控制系统的 CAN 通信中包含了：PEU 模块、BMS 模块、CMU 模块、电动机水泵模块、I45 网关模块等，CAN 控制逻辑如图 3-10 所示。

整车控制系统原理分析：

①各个控制单元发送和接收信号通过 CAN 线连接；

②由于各个系统中发送的报文及传输速率不一样，它们之间又要有信号的交换，故增设网关（I45）来帮助翻译传输信号；

③点火信号发出后，MCU、BMS、仪表等一体机开始工作；

④BMS 闭合预充，给电动机控制器大电容充电，预充完毕后闭合正极继电器上电完毕；

⑤踩制动踏板转动挡位开关到 D 或 R 位，可以行驶。

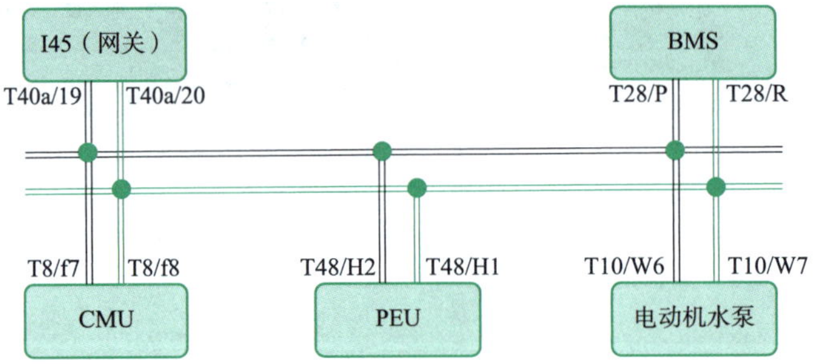

图 3-10 CAN 控制逻辑

2. 故障分析详解

观察仪表发现电动机故障，动力系统故障灯亮起，车辆无法上电行驶，其他如玻璃升降、音响等可正常使用。读取故障代码，发现很多控制单元无法与 MCU 通信，同时网关有 EVCAN 线故障报警。考虑到很多控制单元无法通信，控制单元无法通信只有四点原因：

①控制单元的供电，无供电导致控制单元无法工作，故无法通信；

②控制单元的搭铁，没有接地导致控制单元无法工作，故无法通信；

③控制单元之间的 CAN 线，CAN 线断路、短路或虚接导致通信出现问题；

④控制单元损坏导致无法通信。

查询电路图发现出现故障的控制单元之间无共同供电，由于其他控制单元可以正常工作，故排除熔丝盒。

可能故障原因：

①PEU 供电故障；

②PEU 接地故障；

③PEU EVCAN 线故障；

④PEU 自身故障。

五、故障排除

1. 排故思路

从故障率由高到低测量或由简到繁测量。由于娱乐系统、门窗升降、灯光等正常，故排除低压蓄电池故障。查看电路图高压系统无共同供电端，因此排除低压蓄电池故障，故排除高压系统低压供电故障；为确保 PEU 正常工作，所以首先检测 PEU 的供电和搭铁；如果供电和搭铁正常，则要用示波器检测 CAN 线波形查询故障。以上都没问题或无信号输出则更换 PEU，整车控制系统故障排除流程如图 3-11 所示。

2. 故障排查注意事项

①维修作业前，应对绝缘手套、护目镜等基本安全用具进行检查；

②禁止穿拖鞋进入维修区域，车辆检查时应正确穿戴符合安全要求的劳保用品；

③使用举升机时，确保车辆处于正确位置，且需要不少于两人对其进行检查；

④进入车辆底部时，必须佩戴绝缘安全帽；

⑤对车辆高压线路进行检查时，需先对车辆进行高压下电操作；

⑥故障排查结束后，遵守实训场地的 5S 管理，规范恢复车辆及工具；

⑦如出现触电，应立即切断电源进行抢救。

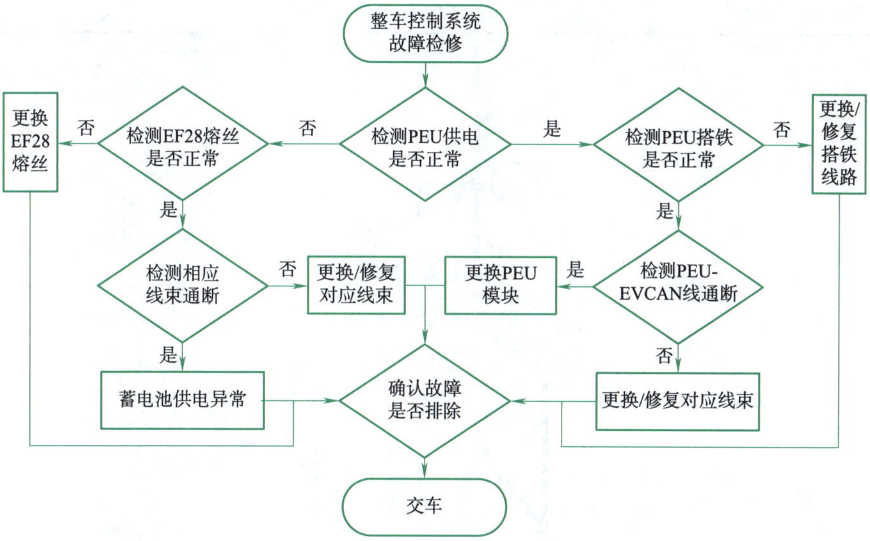

图 3-11　整车控制系统故障排除流程

3. 线路排查

测量 PEU T48/M3 端子对地电压，并判断供电电压情况，见表 3-3。

表 3-3　PEU 端子电压测量-1

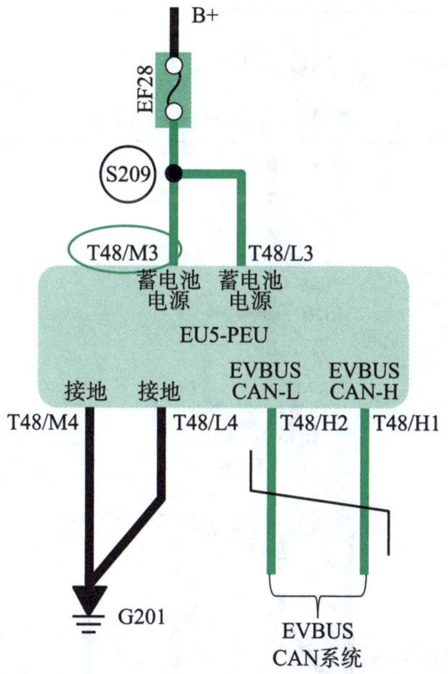

测量位置	T48/M3-地			
测量条件	车辆启动开关置于 ON 挡位			
测量数据	测量值	12 V	标准值	12 V
测量结果	电压属于正常数值			
测量说明	电压值正常，说明 PEU 供电正常，可进行下一步测量			

测量 PEU T48/L3 端子对地电压，并判断供电电压情况，见表 3-4。

表 3-4 PEU 端子电压测量-2

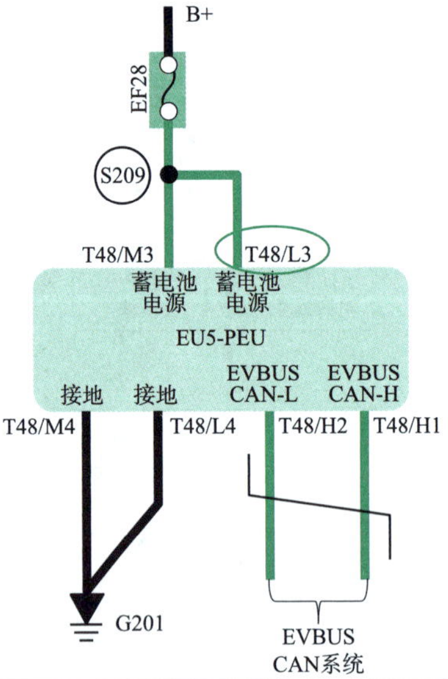

测量位置	T48/L3-地			
测量条件	车辆启动开关置于 ON 挡位			
测量数据	测量值	12 V	标准值	12 V
测量结果	电压属于正常数值			
测量说明	电压值正常，说明 PEU 供电正常，可进行下一步测量			

测量 PEU T48/L4 搭铁电阻，并判断系统搭铁连接情况，见表 3-5。

表 3-5 PEU 搭铁测量

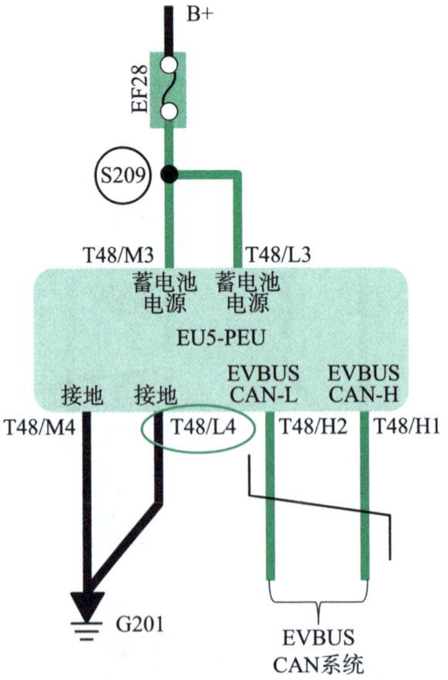

测量位置	T48/L4-地			
测量条件	车辆启动开关置于 OFF 挡位			
测量数据	测量值	0.1 Ω	标准值	0.1 Ω
测量结果	电阻属于正常数值			
测量说明	电阻值正常，说明 PEU 搭铁正常，可进行下一步测量			

测量 PEU T48/M4 搭铁电阻，并判断系统搭铁连接情况，见表 3-6。

表 3-6　PEU 搭铁线测量

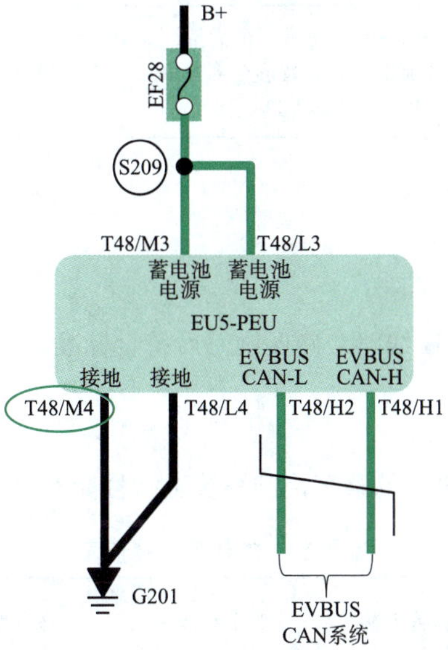

测量位置	T48/M4-地			
测量条件	车辆启动开关置于 OFF 挡位			
测量数据	测量值	0.1 Ω	标准值	0.1 Ω
测量结果	电阻属于正常数值			
测量说明	电阻值正常，说明 PEU 搭铁正常，可进行下一步测量			

测量 CAN 线波形，并判断波形测量结果，见表 3-7。

表 3-7　CAN 波形测量

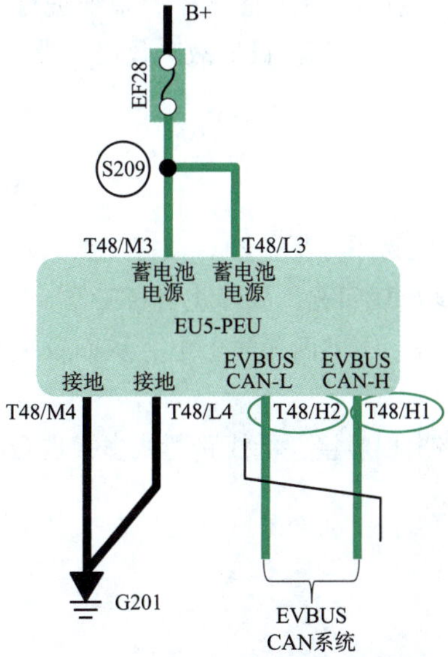

测量位置	CAN-H 线与 CAN-L 线
测量条件	车辆启动开关置于 ON 挡位

测量数据	CAN-H 波形	缺数据	CAN-L 波形	正常
测量结果	对比波形，有一组波形只有 CAN-L 没有 CAN-H			
测量说明	测量波形发现有一组波形不正常，随后按图 3-10 所示控制单元，顺序拔下每个插头，直到拔到电动机控制器发现那组缺失的波形全部消失，检查后发现是 PEU 的 EVCAN 出现问题，测量相关线束发现 PEU EVCAN H 线路断路			

4. 诊断结果

PEU EVCAN H 线路断路。

5. 维修建议

更换/修复 PEU EVCAN H 线路，确保维修后符合标准。

六、性能检查

参照表 3-8，对完成修复后的整车控制系统进行性能检查，并确认车辆故障已排除。

表 3-8　充电系统检查表

序号	检查项目	检查方法	技术要求	检查结果（√或×）
1	车辆仪表板	目测	打开钥匙开关，仪表亮起，仪表电量显示及相应仪表灯亮起，如手制动灯。无故障灯	√
2	机舱	目测	各个电脑、传感器、执行器插头安装到位，无破损	√
3	动力电池箱	听声音	在踩制动踏板上电过程中，会有继电器吸合的声音	√
4	车辆行驶	操作	启动车辆并驱动电动机转动，车辆行驶正常	√

修复后性能检测结果：修复故障后对整车控制系统进行性能检测，检测结果全部正常；且重新接通诊断仪清除故障，并再次读取故障代码，没有新的故障出现，表明故障已排除。

七、故障机理分析

结合 CAN 网络图及 PEU 电路图分析，PEU 在打开点火开关后进行自检发现无法接收其他控制单元的数据得知自身出现问题，故停止自身工作。PEU 中的 MCU 信号不能传输，BMS 也接收不到 PEU 中的数据，故车辆无法上电，从而仪表显示电动机故障，车辆不能上电。

如果 PEU EVCAN 高线路出现虚接、低线路断线虚接也会出现此故障。

项目实操二

一、项目情景

1. 车辆信息

车型：<u>北汽 EX3</u>　　　　年款：<u>2019</u>

行驶里程：＿＿＿＿＿＿　　　　电量：＿＿＿＿＿＿

车辆 VIN 码：＿＿＿＿＿＿

车辆外观状况：＿＿＿＿＿＿　　　　车辆内饰状况：＿＿＿＿＿＿

2. 故障现象

客户反映：车辆无法上电行驶，电子扇长转，仪表多个故障灯报警。

3. 设备及工具清单

车用万用表、示波器、新能源汽车故障诊断仪、与解码器配套的电脑、汽修专用工具套装，见图 3-5。

二、小组划分

整车控制系统故障检修操作采用划分小组的形式开展，各小组完成表 3-9 所示分工和信息记录。

表 3-9　实训小组记录表

班级：	组名：	组长：	项目名称：
组员：			
成员任务职责	组长负责本学习任务的小组组织、决策、安全管理等		
	组员负责： （1）安全监督以及完成组内其他学习任务； （2）工具备料以及完成组内其他学习任务； （3）技术资料准备以及完成组内其他学习任务； （4）常规操作以及完成组内其他学习任务； （5）文本记录以及完成组内其他学习任务		

三、故障确认

1. 一般故障诊断流程

故障诊断参照图 3-6 所示的流程进行，完成发现故障、确认故障、分析故障、排除故障、结果检验等步骤，掌握故障诊断与排除的基本方法。

2. 车辆基本检查

根据车辆故障现象，确定基本检查项目并完成表 3-10 所列基本检查。

表 3-10　基本检查项目表

序号	检查项目	检查方法	技术要求	检查结果（√或 ×）
1	车辆仪表板	目测	打开钥匙开关仪表亮起，仪表电量显示及相应仪表灯亮起，如手制动灯。无故障灯	×
2	机舱	目测	各个电脑、传感器、执行器插头安装到位，无破损	√
3	动力电池箱	听声音	在踩制动踏板上电过程中，会有继电器吸合的声音	×
4	车辆行驶	操作	启动车辆并驱动电动机转动，车辆行驶正常	×

经检查，可确认故障现象为：试车踩制动踏板上电无任何反应，仪表大量的故障灯闪

烁，打开前照灯、音响等可正常使用，车辆无任何反应。

3. 查询故障代码

连接诊断设备对整车系统进行扫描，查询故障代码，诊断仪故障代码结果分别如图 3-12、图 3-13、图 3-14 所示，诊断结果：与车辆连接成功后，MCU、DCDC 通信故障。

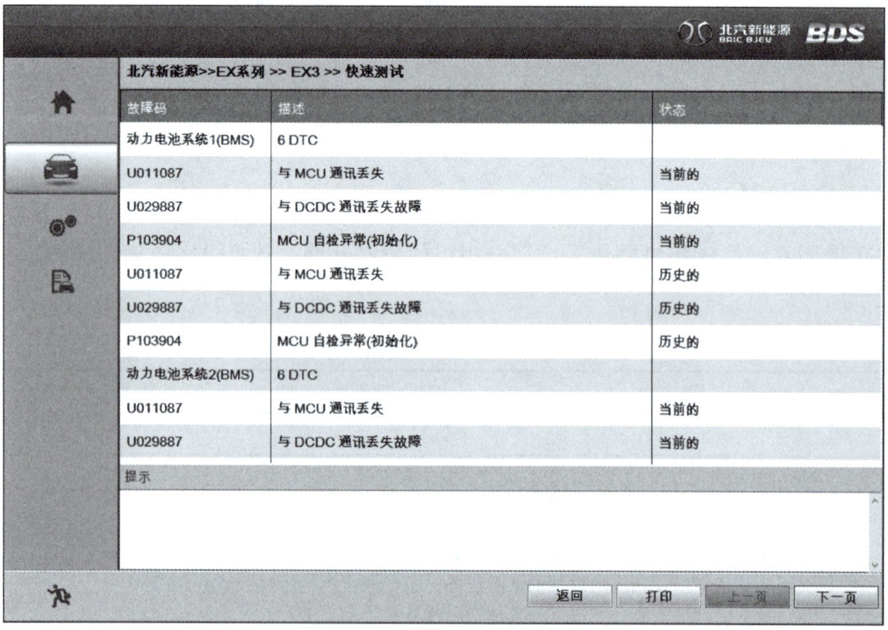

图 3-12 诊断仪故障代码-1

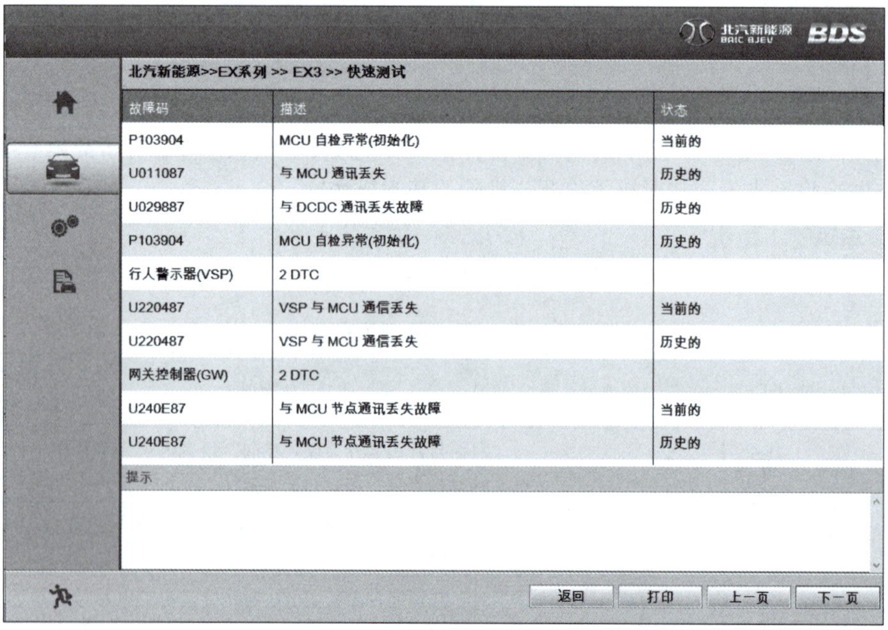

图 3-13 诊断仪故障代码-2

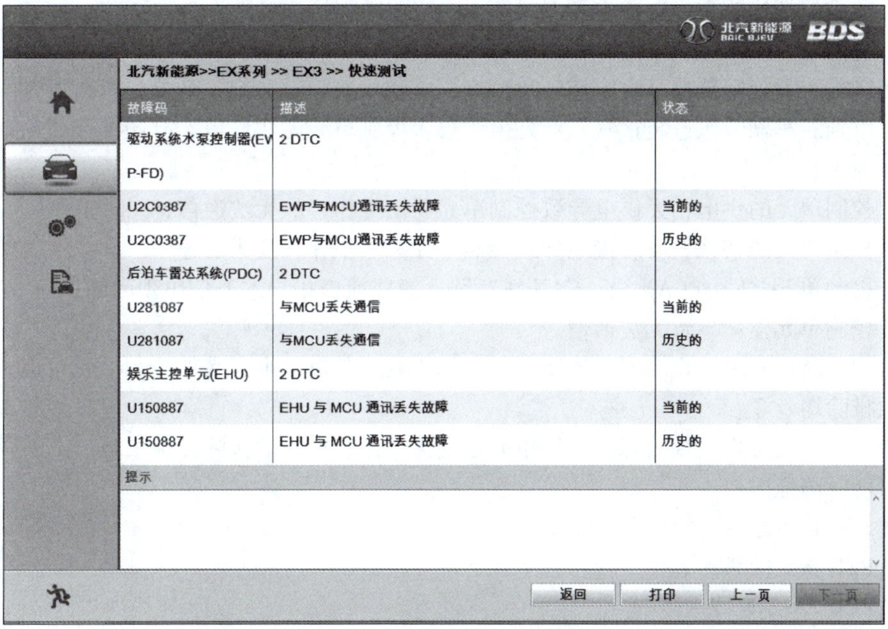

图 3-14　诊断仪故障代码-3

四、故障分析

根据当前的故障现象和解码器诊断结果推测故障原因，通过可能故障原因制订排故计划与操作流程。

1. 相关控制原理

查阅北汽 EX3 维修手册中整车控制系统电路原理图。整个控制系统的 CAN 控制逻辑如图 3-15 所示，其中包含了：PEU 模块、BMS 模块、水泵-电动机模块、水泵-电池模块、慢充模块等。

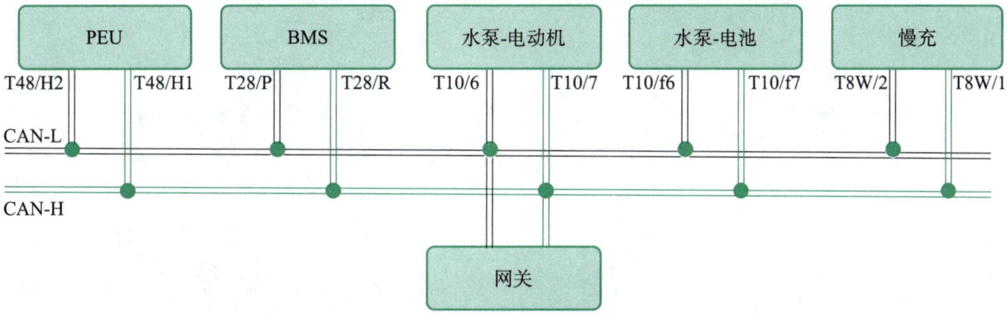

图 3-15　CAN 控制逻辑

整车控制系统原理分析：

①打开点火开关；

②点火开关信号唤醒 MCU、BMS、DCDC、仪表等；

③MCU、BMS、DCDC、仪表等一体机开始工作；

④BMS 闭合预充，给电动机控制器大电容充电，预充完毕后闭合正极继电器上电完毕；

⑤踩制动踏板转动挡位开关到 D 或 R 位，可以行驶。

2. 故障分析详解

车辆检查发现系统故障灯、转向故障灯、电动机故障灯亮起，音响、车窗等都可以操作，可以判断车辆低压系统正常。但是由于很多控制单元无法通信，控制单元无法通信只有四点原因：

①控制单元的供电，无供电导致控制单元无法工作，故无法通信；

②控制单元的搭铁，没有接地导致控制单元无法工作，故无法通信；

③控制单元之间的 CAN 线，CAN 线断路、短路或虚接导致通信出现问题；

④控制单元损坏导致无法通信。

查询电路图发现出现故障的控制单元之间无共同供电，由于其他控制单元可以正常工作，故排除熔丝盒。

查询电路图发现出现故障的控制单元之间无共同接地，故排除接地故障。

可能故障原因：

①PEU 供电故障；

②PEU 接地故障；

③PEU EVCAN 线故障；

④PEU 自身故障。

五、故障排除

1. 排故思路

从故障率由高到低测量或由简到繁测量：由于娱乐系统、门窗升降、灯光等正常，故排除低压蓄电池故障。查看电路图高压系统除蓄电池外无共同供电端，因排除低压蓄电池故障，故排除高压系统低压供电故障；为确保 PEU 正常工作，所以首先检测 PEU 的供电和搭铁；如果供电和搭铁正常，则要用示波器检测 CAN 线波形查询故障。以上都没问题或无信号输出则更换 PEU，整车控制系统故障排除流程如图 3-16 所示。

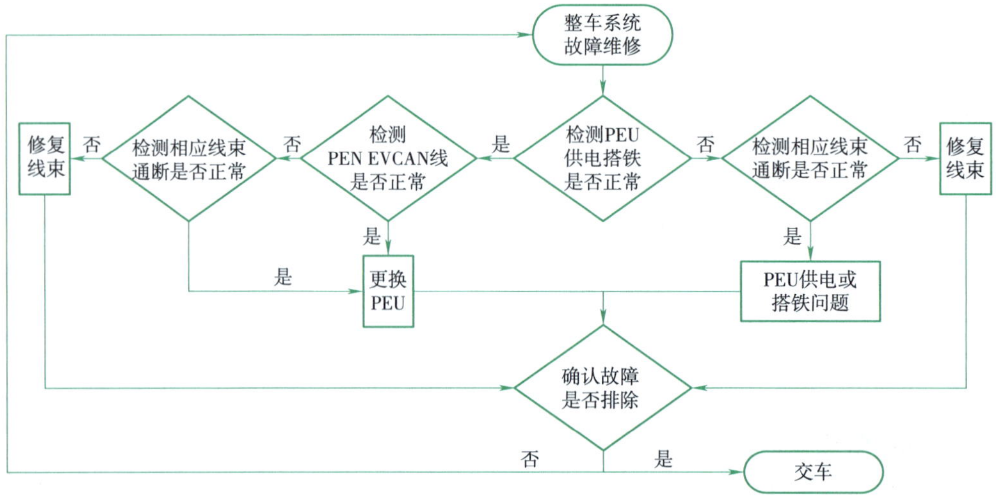

图 3-16 整车控制系统故障排除流程

2. 故障排查注意事项

①维修作业前，应对绝缘手套、护目镜等基本安全用具进行检查；
②禁止穿拖鞋进入维修区域，车辆检查时应正确穿戴符合安全要求的劳保用品；
③使用举升机时，确保车辆处于正确位置，且需要不少于两人对其进行检查；
④进入车辆底部时，必须佩戴绝缘安全帽；
⑤对车辆高压线路进行检查时，需先对车辆进行高压下电操作；
⑥故障排查结束后，遵守实训场地的5S管理，规范恢复车辆及工具；
⑦如出现触电，应立即切断电源进行抢救。

3. 线路排查

首先结合线路排查需要，参照表3-11所示，检查T48/M3端子接地电压并判断检查结果是否正常。

表3-11　端子电压检测表-1

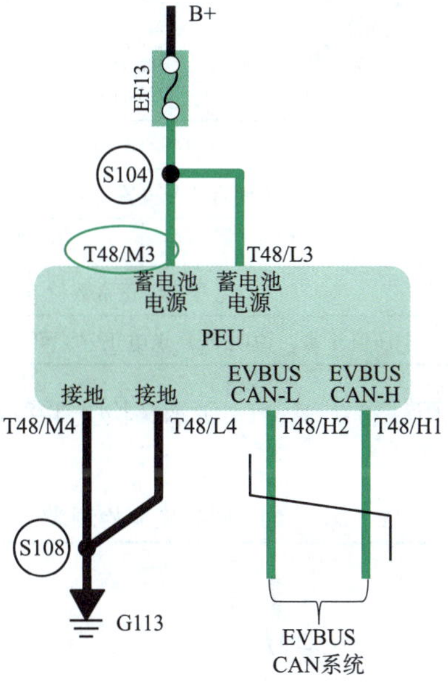

测量位置	T48/M3-地			
测量条件	车辆启动开关置于ON挡位			
测量数据	测量值	12 V	标准值	12 V
测量结果	电压属于正常数值			
测量说明	电压值正常，说明PEU供电正常，可进行下一步测量			

进一步结合线路排查需要，参照表3-12所示，检查T48/L3端子接地电压并判断检查结果是否正常。

表 3-12　端子电压检测表-2

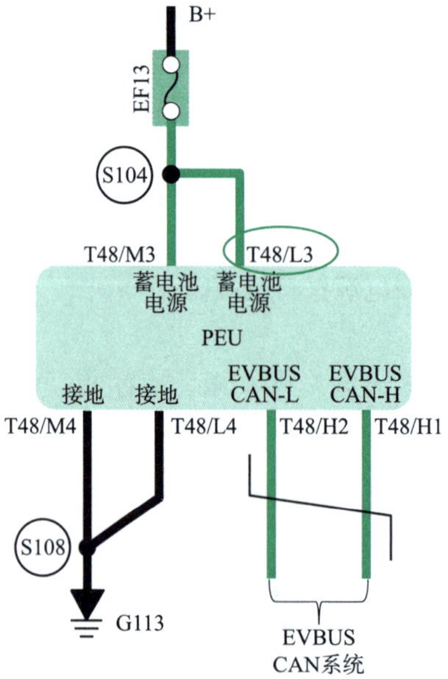

测量位置	T48/L3-地			
测量条件	车辆启动开关置于 ON 挡位			
测量数据	测量值	12 V	标准值	12 V
测量结果	电压属于正常数值			
测量说明	电压值正常，说明 PEU 供电正常，可进行下一步测量			

进一步检查 PEU 搭铁电阻，参照表 3-13 所示，检查 T48/L4 端子搭铁电阻并判断检查结果是否正常。

表 3-13　端子搭铁电阻检测表

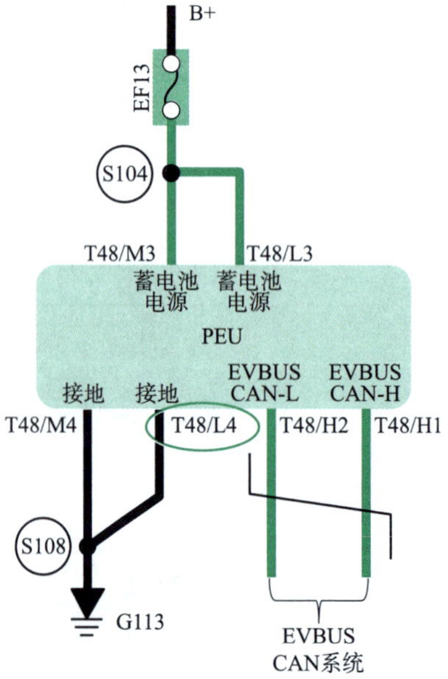

测量位置	T48/L4-地			
测量条件	车辆启动开关置于 OFF 挡位			
测量数据	测量值	0.1 Ω	标准值	0.1 Ω
测量结果	电阻属于正常数值			
测量说明	电阻值正常，说明 PEU 搭铁正常，可进行下一步测量			

进一步检查 PEU 搭铁电阻，参照表 3-14 所示，检查 T48/M4 端子搭铁电阻并判断检查结果是否正常。

表 3-14　端子搭铁电阻检测表

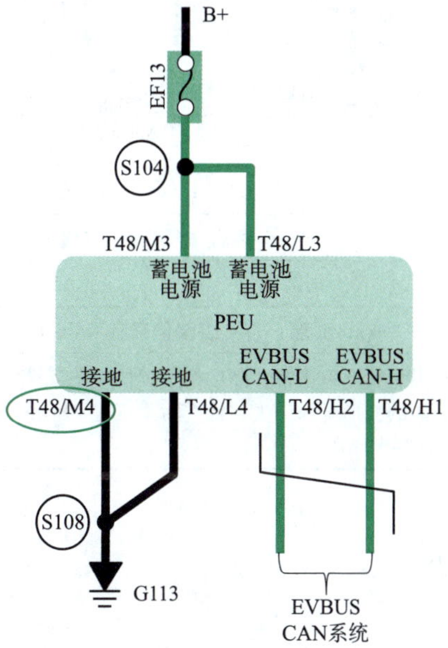

测量位置	T48/M4-地			
测量条件	车辆启动开关置于 OFF 挡位			
测量数据	测量值	0.1 Ω	标准值	0.1 Ω
测量结果	电阻属于正常数值			
测量说明	电阻值正常，说明 PEU 搭铁正常，可进行下一步测量			

进一步检查 CAN 线波形，参照表 3-15 所示，检查 CAN 高线与低线波形特征并判断检查结果是否正常。

表 3-15 CAN 线波形检测表

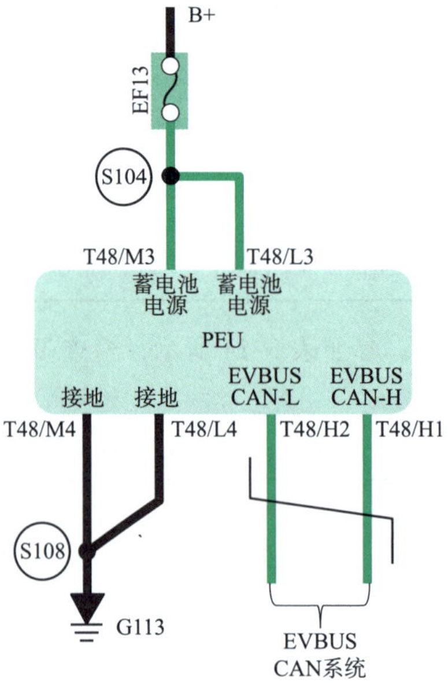

测量位置	CAN-H 线与 CAN-L 线			
测量条件	车辆启动开关置于 ON 挡位			
测量数据	CAN-H 波形	缺数据	CAN-L 波形	正常
测量结果	对比波形，有一组波形只有 CAN-L 没有 CAN-H			
测量说明	测量波形发现有一组波形不正常，随后按上图控制单元顺序拔下每个插头，直到拔到电动机控制器发现那组缺失的波形全部消失，检查后发现是 PEU 的 EVCAN 出现问题，测量相关线束发现 PEU EVCAN H 线路断路			

4. 诊断结果

PEU EVCAN H 线路断路。

5. 维修建议

更换/修复 PEU EVCAN H 线路，确保维修后符合标准。

六、性能检查

参照表 3-8，对完成修复后的整车控制系统进行性能检查并记录结果，确保故障已排除。

修复后性能检测结果：修复故障后对整车控制系统进行性能检测，检测结果全部正常；且重新接通诊断仪清除故障，并再次读取故障代码，没有新的故障出现，表明故障已排除。

七、故障机理分析

结合 PEU 电路图分析，由于 PEU EVCAN H 线路断路，导致电动机控制器、DCDC 等自检无法反馈给 BMS，BMS 得知 MCU 有故障故高压不能上电，又因 CAN 线存在故障，故很多数据传输发生故障导致仪表报故障；OBD 与各个电脑之间是 CAN 线通信，CAN 线存在故障所以电脑诊断时导致很多控制单元进不去。

如果其他 EVCAN 线断路也会出现此类故障。

质量检查

一、小组自检

各小组对照项目目标，参照表 3-16 对项目实施过程进行再次检查确认，保证故障诊断的完整性及准确性。

表 3-16 小组自检表

序号	检查项目	检查结果
1	作业前规范进行场地准备工作	□是 □否
2	作业前规范对劳保用品进行安全检查	□是 □否
3	正确完成车辆下电操作	□是 □否
4	正确完成整车控制系统的故障检测与维修	□是 □否
5	遵守 5S 管理，规范恢复车辆及工具	□是 □否
6	无任何事故发生	□是 □否

二、教师检查

教师根据各小组项目完成情况，参照表 3-17 清单对故障诊断结果进行质量检查，并对各小组项目实施过程中所存在的问题提出改进措施与建议。

表 3-17 教师检查表

班级：	组名：	成绩：	
项目名称：			
评价项目		分数	教师评价
职业素养（10 分）	团队协作能力	2	
	计划组织能力	2	
	诊断分析能力	2	
	质量意识	4	
职业技能（76 分）	发现并确认故障现象	8	
	分析故障原因	20	
	制定故障排除方案	20	
	实施故障诊断流程	20	
	检验或提出维护建议	8	
安全考评（14 分）	落实“5S”	7	
	安全操作	7	
存在问题及改进措施			
总成绩			

讨论提升

各小组以北汽 EX3 实训车辆为例，谈一谈新能源汽车与传统燃油汽车的整车控制系统在功能方面有何区别，并小组讨论制定新能源汽车整车控制系统故障诊断流程。

评价反馈

小组成员完成整车控制系统故障诊断项目后，每位成员对课程内容及个人实操表现进行反思总结。

①你认为本项目的重难点是什么？

____

____

____

②项目实施过程中是否遇到问题？你是怎么解决的？

____

____

____

③请对你在项目实施过程中的表现进行总结和反思。

____

____

____

拓展阅读

为中国腾飞插上“金属”翅膀——师昌绪

师昌绪，1920 年出生于河北省徐水县。中国著名材料科学家、战略科学家，中国科学院、中国工程院资深院士，国家最高科学技术奖获得者。

20 世纪 50 年代，朝鲜战争爆发，美国当局明令禁止师昌绪等多名中国留学生回国。为争取美国开放禁令，师昌绪带头多方联络，联合其他学生集体写信给美国总统艾森豪威尔，要求撤掉禁令，同时印刷 200 多封信投递给美国报界、议员和民众团体。师昌绪、张兴钤、李恒德等人还组织留学生两次集体给周恩来总理写信，表达了不惧迫害、要求回国的意愿。1954 年 5 月，在日内瓦国际会议上，这些信件成了中国政府抗议美国无理扣押中国留学生的重要证据。

经过多年的艰苦斗争，美国在各方的压力下被迫同意一些中国留学生回国，其中就有师昌绪。

“我是中国人，中国需要我。”这是师昌绪当时的心声，“作为一个中国人，就要对中国作出贡献，这是人生的第一要义。”

项目四 驱动电动机控制系统故障检修

项目引入

新能源汽车电动机控制系统是负责管理和控制电动汽车驱动电动机的集成系统。电动机控制系统通过对加速踏板信号、制动信号、电动机转速、电动机温度、电动机电压等信号进行综合分析判断后，对电动机的转速、扭矩等进行控制。驱动电动机控制系统可以实现多种驾驶模式，如经济模式、运动模式、雪地模式等，让驾驶员可以根据不同的需求选择合适的驾驶模式。通过本项目的学习，掌握新能源汽车驱动电动机控制系统的功能、基本控制原理以及系统故障检修方法。

项目目标

1. 知识目标

（1）了解新能源汽车驱动电动机控制系统的作用及基本组成；

（2）掌握新能源汽车驱动电动机控制系统基本工作原理；

（3）能准确识读并独立解析驱动电动机控制系统电路图；

（4）能叙述 EU5/EX3 电动机控制原理和逻辑。

2. 技能目标

（1）能够独立排查检测出驱动电动机控制系统故障；

（2）能根据故障原因制定驱动电动机控制系统的排故方案；

（3）能正确使用测量器具对驱动电动机控制系统进行故障诊断；

（4）能根据故障诊断结果提出维修建议。

3. 素养目标

结合我国电动机竞争优势培养爱国情怀。

知识链接

一、驱动系统

驱动电动机和电动机控制器共同构成了新能源汽车的驱动系统，是车辆行驶的主要执行机构，与传统燃油车的发动机系统功能类似。北汽 EC180 驱动电动机图如图 4-1 所示，北汽 EC180 的 MCU 电动机控制器如图 4-2 所示。

新能源汽车驱动电动机控制系统作用主要有以下几点：

①控制电动机的转速和扭矩：驱动电动机控制系统可以控制电动机的转速和扭矩，从而实现电动车辆的加速、行驶和制动等动作。

图 4-1 北汽 EC180 驱动电动机图

图 4-2 北汽 EC180 的 MCU 电动机控制器

②调节能量回收：驱动电动机控制系统可以通过控制电动机的反向工作，将制动时产生的能量回收到电池中，从而提高电池的使用效率和续航里程。

③保护电动机和电池：驱动电动机控制系统可以监测电动机和电池的工作状态，及时发现故障并进行保护，从而延长电动机和电池的使用寿命。

④实现多种驾驶模式：驱动电动机控制系统可以实现多种驾驶模式，驾驶员可以根据不同的需求选择合适的驾驶模式。

⑤优化能量利用：驱动电动机控制系统可以根据车辆的行驶情况和驾驶员的需求，优化能量利用，从而提高电动车辆的能效和经济性。

二、电动机控制系统组成

电动机控制系统主要由控制模块、电流传感器、功率模块、驱动模块和散热模块等组成，各模块具体功能如图 4-3 所示。高压直流线路从动力蓄电池出发，进入电动机控制器后，电动机控制器利用 PWM（pulse width modulation，脉宽调制）信号控制 IGBT 模块的输出电压。加速踏板信号、制动信号、电动机转速、电动机温度、电动机电压等传感器信号均会影响电动机控制器的控制信号。

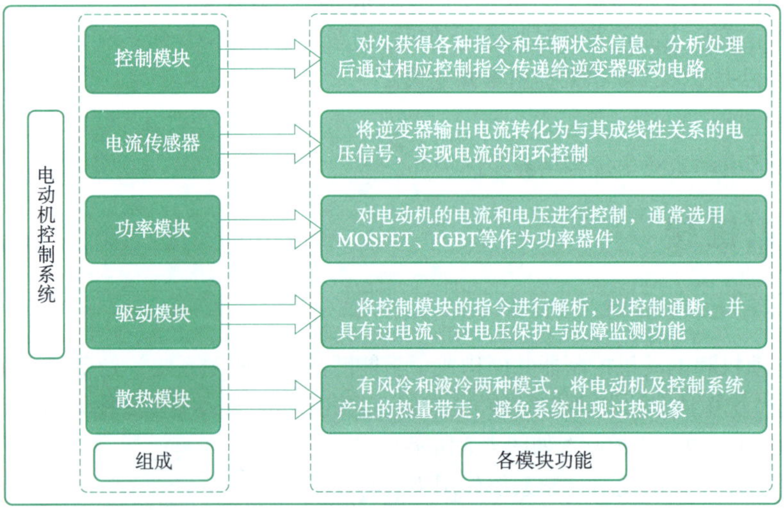

图 4-3 电动机控制系统的组成

三、驱动电动机的分类

新能源汽车驱动电动机常采用交流异步电动机、永磁同步电动机、开关磁阻电动机等。由于新能源汽车的整车布局空间有限，因此要求驱动电动机需具备体积小、功率密度大的特点。目前新能源车企多采用永磁同步电动机作为驱动电动机的解决方案。除结构紧凑的要求外，新能源汽车驱动电动机还应效率高、质量小，以满足用户对高续航里程的需求。各类型电动机的优缺点见表 4-1。

表 4-1　各类型电动机的优缺点

类型	交流异步电动机	永磁同步电动机	开关磁阻电动机
实物图			
优点	结构简单，制造成本低；耐久性好，维护方便；适用于大功率、低速运转的场合	效率高，能量利用率高；具有高速、高精度、高响应的特点；体积小、质量小，适用于小型电动车等场合	具有高效率、高功率密度、高转矩密度、高速度响应等特点；结构简单，容易制造
缺点	效率相对较低，容易产生电磁噪声；启动时需要较大的启动电流，容易引起电网电压波动	永磁体材料价格较高，成本较高；在高负载运转时，容易产生过热现象	需要使用高精度的控制器进行控制，成本较高；在高速运转时，容易产生噪声和振动；对控制系统的要求较高，容易出现控制失效的问题

项目实操一

一、项目情景

1. 车辆信息

车型：＿北汽 EU5＿　　　　年款：＿2019＿

行驶里程：＿＿＿＿＿＿　　　　电量：＿＿＿＿＿＿

车辆 VIN 码：＿＿＿＿＿＿

车辆外观状况：＿＿＿＿＿＿　　　　车辆内饰状况：＿＿＿＿＿＿

2. 故障现象

客户反映：车正常行驶开着开着突然车辆只能以 10 km/h 行驶，同时仪表蓄电池故障灯亮起，开到 4S 店检查。

3. 设备及工具清单

车用万用表、新能源汽车故障诊断仪、与解码器配套的电脑、汽修专用工具套装，如图 4-4 所示。

二、小组划分

驱动电动机故障检修采用划分小组的形式开展，各小组完成记录表见表 4-2。

（a）车用万用表　　（b）新能源汽车故障诊断仪

图 4-4　设备示意图

表 4-2　实训小组记录表

<table>
<tr><td>班级：</td><td>组名：</td><td>组长：</td><td>项目名称：</td></tr>
<tr><td colspan="4">组员：</td></tr>
<tr><td rowspan="2">成员任务职责</td><td colspan="3">组长负责本学习任务的小组组织、决策、安全管理等</td></tr>
<tr><td colspan="3">组员负责：
（1）安全监督以及完成组内其他学习任务；
（2）工具备料以及完成组内其他学习任务；
（3）技术资料准备以及完成组内其他学习任务；
（4）常规操作以及完成组内其他学习任务；
（5）文本记录以及完成组内其他学习任务</td></tr>
</table>

三、故障确认

1. 一般故障诊断流程

此次实操依据图 3-6 所示的故障诊断流程进行，完成发现故障、确认故障、分析故障、排除故障、结果检验等步骤，掌握故障诊断与排除的基本方法。

2. 车辆基本检查

根据车辆故障现象，确定基本检查项目并完成基本检查，见表 4-3。

表 4-3　车辆驱动电动机系统基本检查表

序号	检查项目	检查方法	技术要求	检查结果（√或×）
1	车辆仪表板	目测	打开钥匙开关仪表亮起，仪表电量显示及相应仪表灯亮起，如手制动灯。无故障灯	×
2	机舱	目测	各个电脑、传感器、执行器插头安装到位	√
3	动力电池箱	听声音	在踩制动踏板上电过程中，会有继电器吸合的声音	×
4	车辆行驶	操作	启动车辆并驱动电动机转动，车辆行驶正常	×

经检查，可确认故障现象为：车辆在停车熄火后，再按动点火开关踩制动踏板，发现车辆无法上高压电，动力电池主接触器无闭合声音；同时仪表正常启动，仪表显示故障灯有电动机故障灯、动力系统故障灯。

3. 查询故障代码

连接诊断设备对整车系统进行扫描，查询故障代码，诊断仪故障代码如图 4-5 ~ 图 4-7 所示。诊断结果：DCDC 及 MCU 系统无法单独连接，MCU 自检异常，且出现电池管理系统、电子挡位控制器、真空泵控制器等多个系统与 MCU 通信丢失。

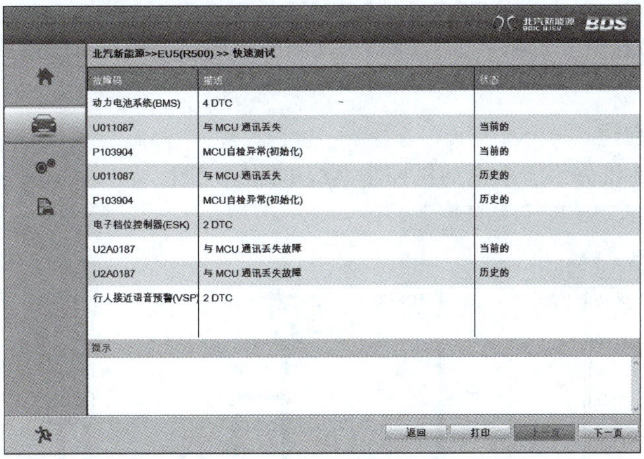

图 4-5　诊断仪故障代码-1

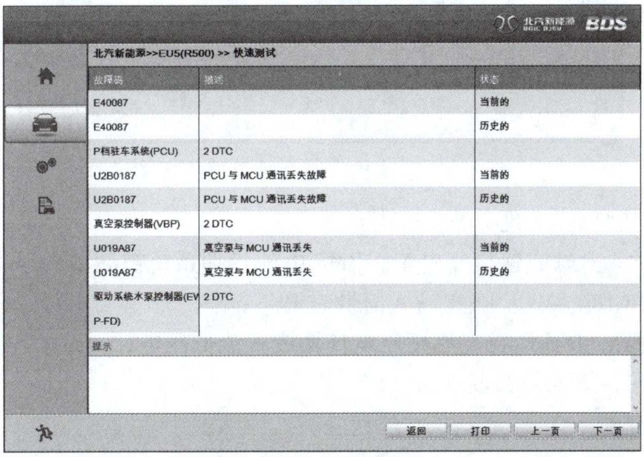

图 4-6　诊断仪故障代码-2

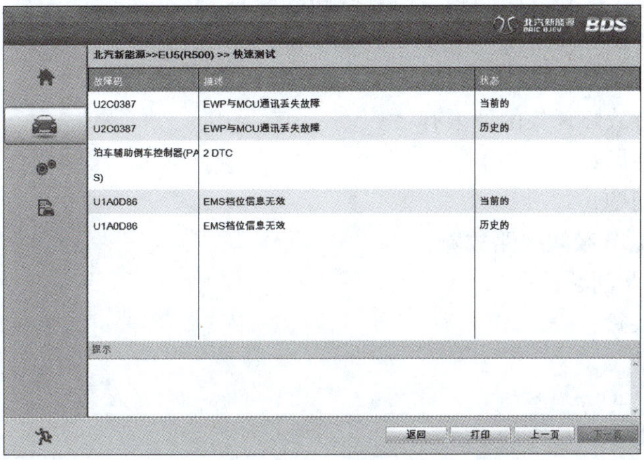

图 4-7　诊断仪故障代码-3

四、故障分析

根据当前的故障现象和解码器诊断结果推测故障原因，通过可能故障原因制订排故计划与操作流程。

1. 相关控制原理

查阅北汽 EU5 维修手册中电动机控制系统电路原理图，如图 4-8 所示。

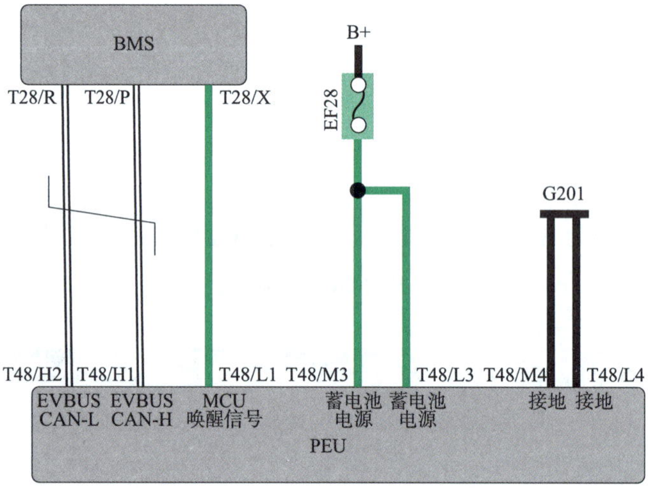

图 4-8 电动机控制系统电路原理图

驱动电动机控制系统原理分析：

①打开点火开关上电或连接充电枪，BMS 电池管理系统被激活；

②BMS 发送 DCDC、MCU 唤醒输入信号给 PEU；

③DCDC 被唤醒，DCDC 将直流高压电转换成直流低压电；

④MCU 被唤醒，进入待命状态。

2. 故障分析详解

通过对客户投诉分析，以及故障确认，发现蓄电池灯亮起，车辆降功率行驶，首先怀疑低压系统、动力系统有问题。通过对车辆进行诊断，显示 DCDC 无法连接，MCU 无法连接，怀疑 DCDC、MCU 线路问题（PEU 线路问题）。

综上所述，怀疑 PEU 供电、搭铁，DCDC 和 MCU 唤醒，PEU 的 EVCAN 线或其自身出现问题。

可能造成现有故障现象的原因有：

①PEU 供电问题；

②PEU 搭铁问题；

③DCDC 及 MCU 唤醒线路故障；

④PEU EVCAN 问题；

⑤PEU 自身故障；

⑥BMS 自身故障。

五、故障排除

1. 排故思路

从故障率由高到低测量或由简到繁测量，具体排故流程图如图 4-9 所示：检查 EF28

熔丝，观察是否损坏，测量是否导通，如果损坏更换熔丝；若熔丝正常，测量 PEU 端电源线电压是否正常，如不正常检查导线 PEU 电源线；若电压正常，测量 PEU 接地，如不正常检查接地；若 PEU 接地正常，检查 DCDC、MCU 唤醒线电压是否正常，如不正常检查导线；DCDC、MCU 唤醒线正常，用示波器检查 BMS 与 PEU 之间的 EVCAN 线波形是否正常，根据波形判断是哪里出现问题；若 EVCAN 线波形正常，更换 PEU。

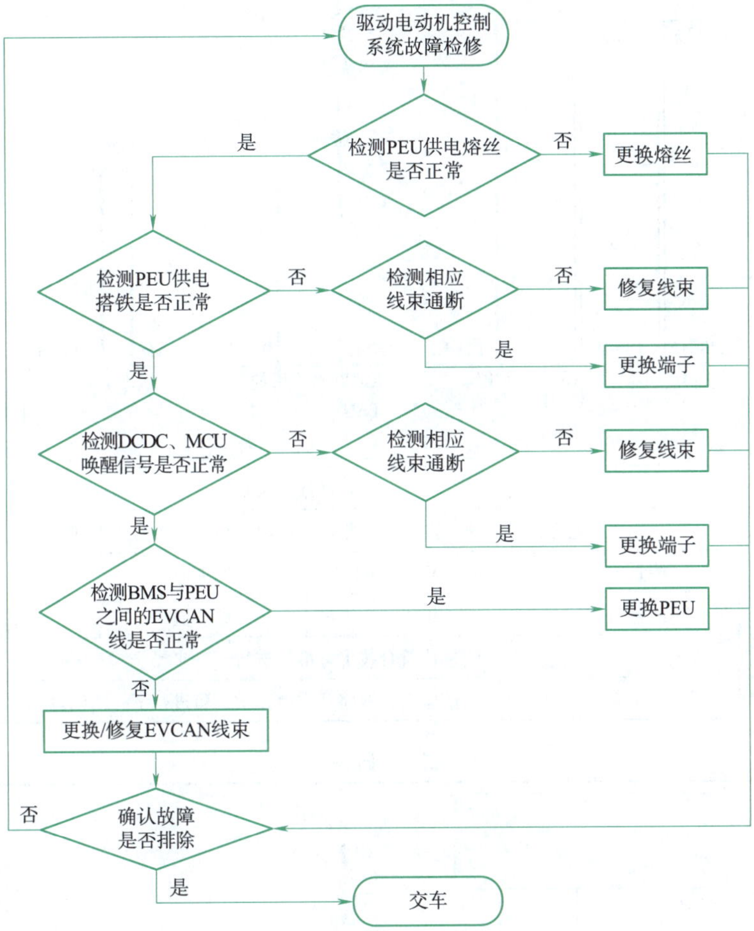

图 4-9　排故流程图

2. 故障排查注意事项

①维修作业前，应对绝缘手套、护目镜等基本安全用具进行检查；
②禁止穿拖鞋进入维修区域，车辆检查时应正确穿戴符合安全要求的劳保用品；
③使用举升机时，确保车辆处于正确位置，且需要不少于两人对其进行检查；
④进入车辆底部时，必须佩戴绝缘安全帽；
⑤对车辆高压线路进行检查时，需先对车辆进行高压下电操作；
⑥故障排查结束后，遵守实训场地的 5S 管理，规范恢复车辆及工具；
⑦如出现触电，应立即切断电源进行抢救。

3. 线路排查

线路排查包含了检测 PEU 供电熔丝（见表 4-4）、测量 PEU 供电线电压（见表 4-5）、测量 PEU 接地线（见表 4-6）、测量 PEU 端 DCDC、MCU 唤醒信号（见表 4-7）、测量 DCDC、MCU 唤醒线信号（见表 4-8）以及测量 DCDC、MCU 唤醒线通断（见表 4-9）等。

表 4-4 检测 PEU 供电熔丝

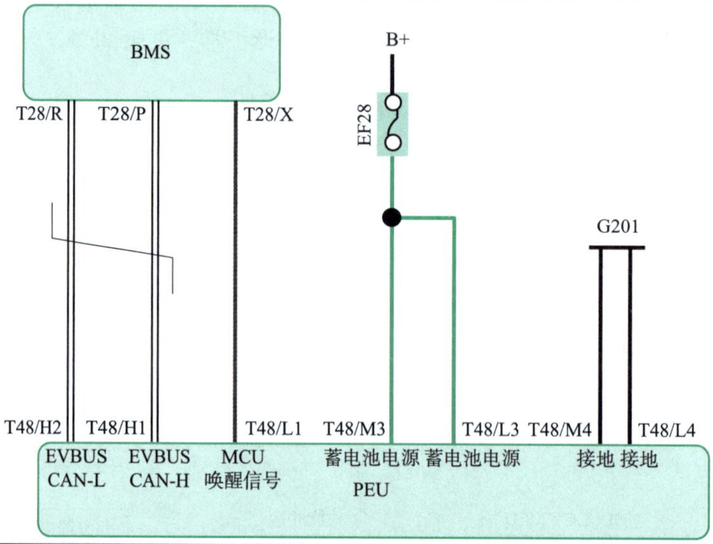

测量位置	熔丝两端测量点			
测量条件	电压：启动开关置于 ON 挡位 ；电阻：启动开关置于 OFF 挡位			
电压	测量值	一端 12 V，一端 0 V	标准值	一端 12 V，一端 0 V
电阻	测量值	0 Ω	标准值	0 Ω
测量结果	测量值符合技术标准，进行下一步操作			
测量说明	熔丝正常、熔丝上游线路及供电正常，可进行下一步测量			

表 4-5 测量 PEU 供电线电压

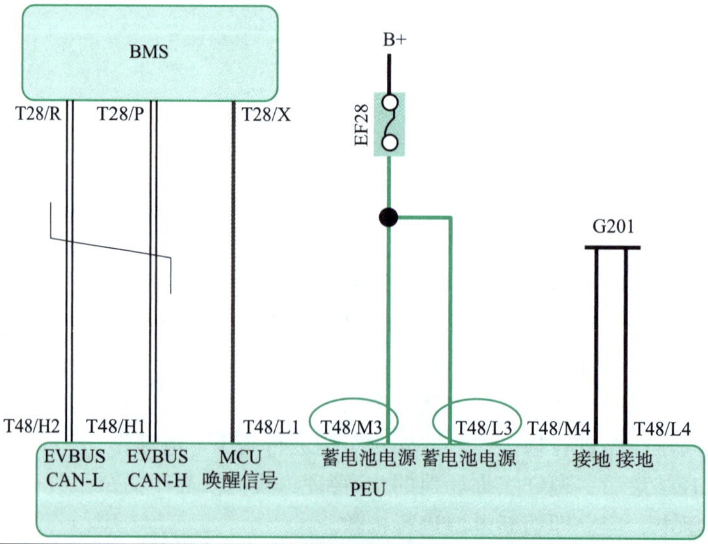

测量位置	T48/M3-地；T48/L3-地
测量条件	车辆启动开关置于 OFF 挡位

测量数值	测量值	12 V	标准值	12 V
测量结果	电压属于正常数值			
测量说明	说明 PEU 供电正常，进一步检查 T48/M3 与 T48/L3 插针与针孔也正常，进一步检测 PEU 接地			

表 4-6 测量 PEU 接地线

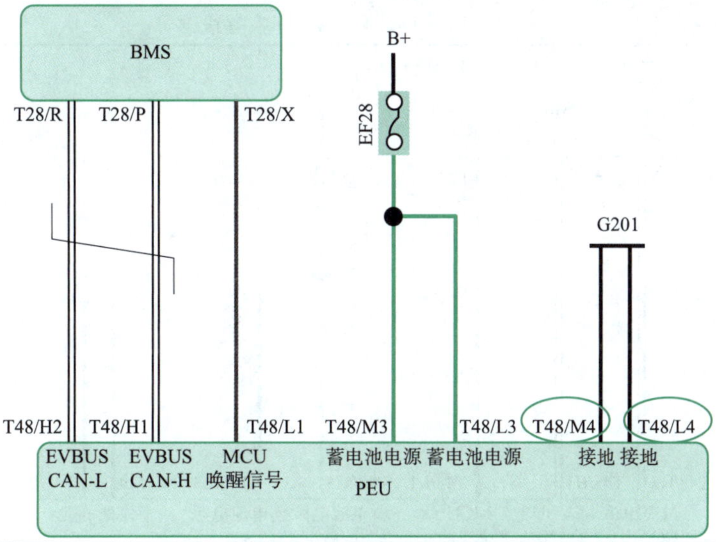

测量位置	T48/L4-蓄电池负极；T48/M4-蓄电池负极			
测量条件	车辆启动开关置于 OFF 挡位			
测量数值	测量值	0 Ω	标准值	0 Ω
测量结果	电阻属于正常数值			
测量说明	测量值说明搭铁线正常，进一步检查 T48/L4 与 T48/M4 插针与针孔也正常，进一步检查唤醒线			

表 4-7 测量 PEU 端 DCDC、MCU 唤醒信号

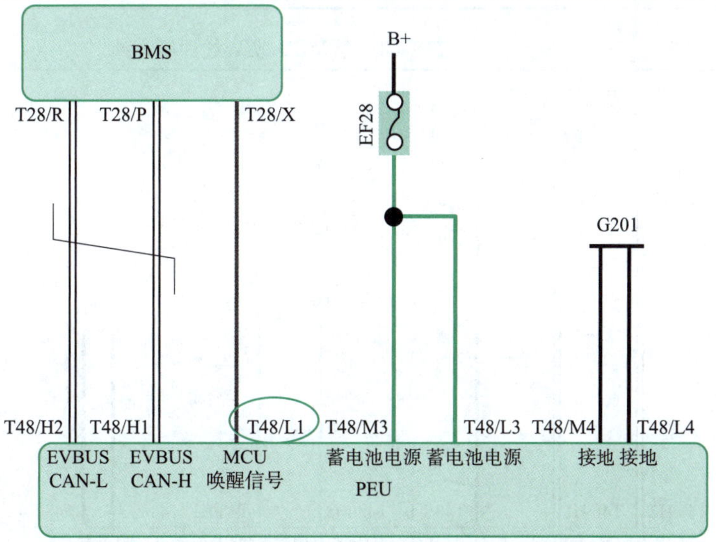

测量位置	T48/L1-地
测量条件	车辆启动开关置于 ON 挡位

测量数值	测量值	0 V	标准值	12 V
测量结果	电压属于异常数值			
测量说明	测量 PEU 端 DCDC、MCU 唤醒信号，发现没有信号电压，从而说明 DCDC 及 MCU 没有被唤醒，导致客户反映组合仪表出现蓄电池报警、动力系统报警；进一步检查 T48/L1 插针与针孔也正常			

表 4-8 测量 DCDC、MCU 唤醒线信号

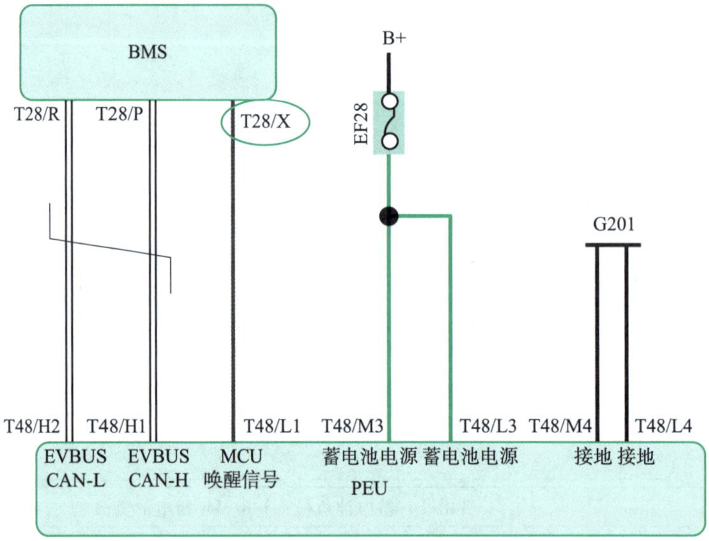

测量位置	T28/X-地			
测量条件	车辆启动开关置于 ON 挡位			
测量数值	测量值	12 V	标准值	12 V
测量结果	电压属于正常数值			
测量说明	检测信号电压正常，说明 BMS 工作正常，下一步检测唤醒线是否正常			

表 4-9 测量 DCDC、MCU 唤醒线通断

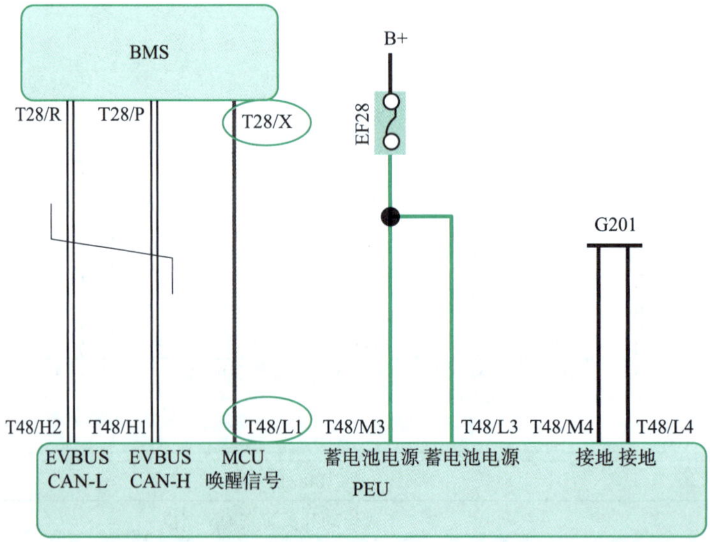

测量位置	T28/X-T48/L1			
测量条件	车辆启动开关置于 OFF 挡位			
测量数值	测量值	∞	标准值	0 Ω
测量结果	电阻属于异常数值			
测量说明	发现异常，确定 DCDC、MCU 唤醒线断路			

4. 诊断结果

DCDC、MCU 唤醒线（T28/X-T48/L1 测量点间）断路。

5. 维修建议

更换/修复 T28/X 端子与 T48/L1 端子测量点间导线，确保维修后符合标准值 0 Ω。

六、性能检查

对完成修复后的驱动电动机控制系统进行性能检查，检查表详见表 4-10，确保故障已排除。

修复故障后上电行驶无异常，仪表无报警灯；且重新接通诊断仪清除故障，并再次读取故障码，没有新的故障出现，表明故障已排除。

表 4-10　车辆驱动电动机系统基本检查表

序号	检查项目	检查方法	技术要求	检查结果（√或×）
1	车辆仪表板	目测	打开钥匙开关仪表亮起，仪表电量显示及相应仪表灯亮起，如手制动灯。无故障灯	√
2	机舱	目测	各个电脑、传感器、执行器插头安装到位	√
3	车辆行驶	操作	启动车辆并驱动电动机转动，车辆行驶正常	√

七、故障机理分析

结合 PEU 电路图分析，由于 DCDC 及 MCU 没有接收到唤醒信号，所以 DCDC 以及 MCU 没有工作也就无法为蓄电池充电，MCU 没有被唤醒，故动力系统出现问题。

由于客户开车时线路断路，此时 DCDC 以及 MCU 已经被唤醒，所以车辆可以行驶，但电脑检测出故障，此时还是动力系统有问题而且不是严重性问题，故车辆此时降功率行驶。

如果此线出现虚接也会出现此类故障。

项目实操二

一、项目情景

1. 车辆信息

车型：北汽 EX3　　　　年款：2019

行驶里程：________　　　　电量：________

车辆 VIN 码：________

车辆外观状况：____________　　　　车辆内饰状况：____________

2. 故障现象

客户反映：车辆无法完成高压上电，仪表显示系统故障指示灯，车辆无法行驶。

3. 设备及工具清单

车用万用表、新能源汽车故障诊断仪、与解码器配套的电脑、汽修专用工具套装。

二、小组划分

驱动电动机故障检修采用划分小组的形式开展，各小组完成记录表见表4-11。

表4-11　实训小组记录表

班级：	组名：	组长：	项目名称：
组员：			
成员任务职责	组长负责本学习任务的小组组织、决策、安全管理等		
	组员负责： （1）安全监督以及完成组内其他学习任务； （2）工具备料以及完成组内其他学习任务； （3）技术资料准备以及完成组内其他学习任务； （4）常规操作以及完成组内其他学习任务； （5）文本记录以及完成组内其他学习任务		

三、故障确认

1. 一般故障诊断流程

此次实操依据图3-6所示的故障诊断流程进行，完成发现故障、确认故障、分析故障、排除故障、结果检验等步骤，掌握故障诊断与排除的基本方法。

2. 车辆基本检查

根据车辆故障现象，确定基本检查项目并完成基本检查如下：检查高压系统是否上电，仪表是否存在故障信息提示（见表4-12）；检查电池系统剩余电量（SOC）（见表4-13）；拆除保护上盖，测量低压蓄电池电压（见表4-14）。

表4-12　高压系统及仪表检查表

检查条件	踩下制动踏板，车辆启动开关置于ON挡位
技术标准	仪表“READY”指示灯亮起，无故障指示灯与故障信息提示
检查结果	“READY”指示灯未亮起，高压系统上电失败，仪表显示故障指示灯

表 4-13　电池系统剩余电量（SOC）检查

检查条件	点火开关旋转至 ON 挡位
技术标准	车辆续航里程与 SOC 剩余电量充足（SOC 剩余电量高于 6%）
检查结果	SOC 剩余电量大于 40%，检测结果符合技术标准

表 4-14　低压蓄电池电压测量

检查条件	点火开关旋转至 ON 挡位
技术标准	低压蓄电池电压大于 11 V
检查结果	低压蓄电池电压值为 12 V，检测结果符合技术标准

经检查，确认当前车辆故障现象如下：

①仪表显示“限功率指示灯”、“电动机系统故障指示灯”。

②在低压蓄电池、动力电池电量充足的前提下，高压系统上电失败，“READY”指示灯未点亮。

3. 查询故障代码

连接诊断设备对整车系统进行扫描，查询故障代码，诊断仪故障代码如图 4-10 ~ 图 4-12 所示。诊断结果：与车辆连接成功后，诊断仪无法进入 MCU 电动机控制系统，其余系统均与 MCU 电动机控制系统丢失通信。

北汽新能源>>EX系列 >> EX3 >> 快速测试

故障码	描述	状态
动力电池系统1(BMS)	6 DTC	
U011087	与 MCU 通讯丢失	当前的
U029887	与 DCDC 通讯丢失故障	当前的
P103904	MCU 自检异常(初始化)	当前的
U011087	与 MCU 通讯丢失	历史的
U029887	与 DCDC 通讯丢失故障	历史的
P103904	MCU 自检异常(初始化)	历史的
动力电池系统2(BMS)	6 DTC	
U011087	与 MCU 通讯丢失	当前的
U029887	与 DCDC 通讯丢失故障	当前的

图 4-10 诊断仪故障代码-1

北汽新能源>>EX系列 >> EX3 >> 快速测试

故障码	描述	状态
P103904	MCU 自检异常(初始化)	当前的
U011087	与 MCU 通讯丢失	历史的
U029887	与 DCDC 通讯丢失故障	历史的
P103904	MCU 自检异常(初始化)	历史的
行人警示器(VSP)	2 DTC	
U220487	VSP 与 MCU 通信丢失	当前的
U220487	VSP 与 MCU 通信丢失	历史的
真空泵控制器(VBP)	2 DTC	
U019A87	真空泵与 MCU 通讯丢失	当前的
U019A87	真空泵与 MCU 通讯丢失	历史的

图 4-11 诊断仪故障代码-2

北汽新能源>>EX系列 >> EX3 >> 快速测试

故障码	描述	状态
U2F7263	电机控制器信号超时 CAN timeout for MCU	当前的
U2F7263	电机控制器信号超时 CAN timeout for MCU	历史的
电子换挡(ESK)	2 DTC	
U2A0187	与 MCU 通讯丢失故障	当前的
U2A0187	与 MCU 通讯丢失故障	历史的

图 4-12 诊断仪故障代码-3

四、故障分析

根据当前的故障现象和解码器诊断结果推测故障原因，通过可能故障原因制订排故计划与操作流程。

1. 相关控制原理

查阅北汽 EX3 维修手册中驱动电动机控制系统电路原理图，如图 4-13 所示。整个控制系统中重要端子及定义：端子 T48-L1 为 MCU 唤醒信号；端子 T48-L4 为 PEU 电子控制单元接地端子；端子 T48-M3 为 PEU 电子控制单元供电输入端子。

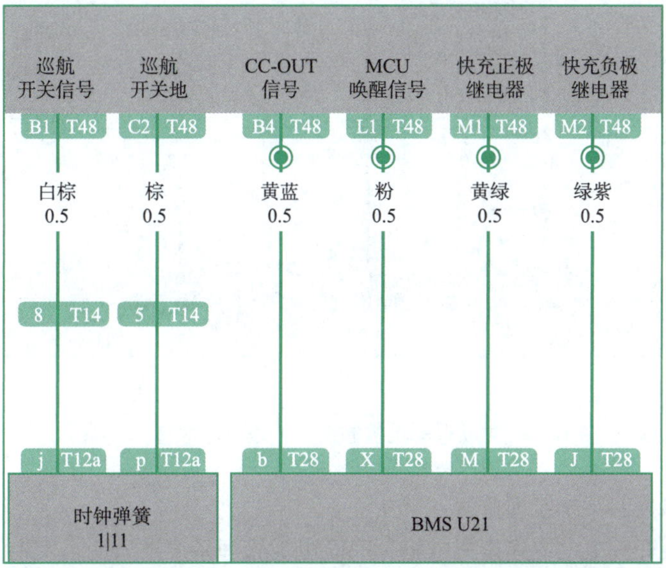

(a)

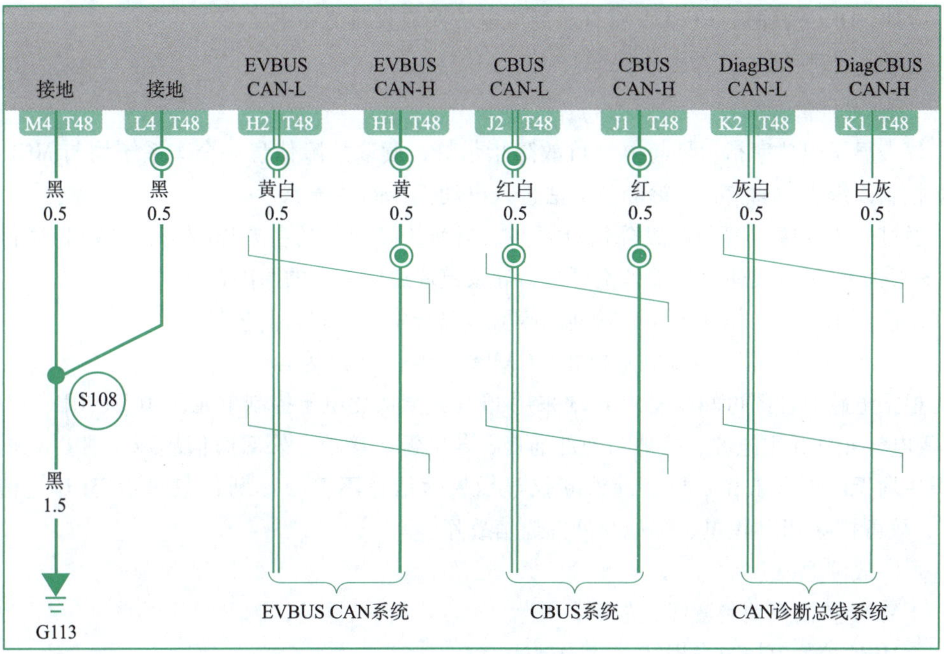

(b)

图 4-13　驱动电动机控制系统低压电路原理图

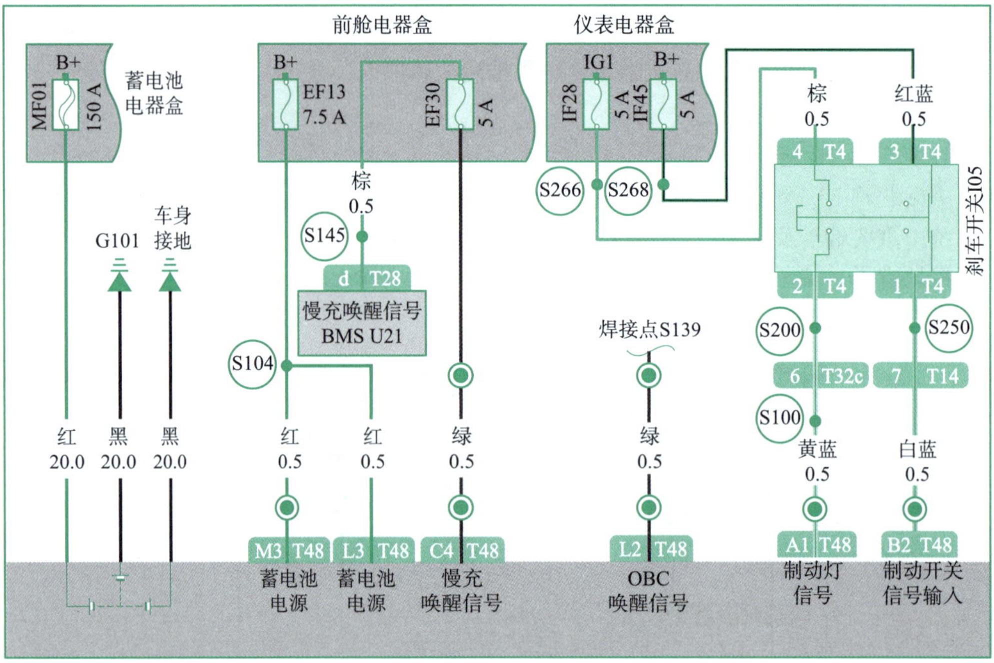

(c)

图 4-13 驱动电动机控制系统低压电路原理图（续）

驱动电动机控制系统原理分析：

①打开点火开关上电或连接充电枪，BMS 电池管理系统被激活；

②BMS 发送 DC/DC、MCU 唤醒输入信号给 PEU；

③DC/DC 被唤醒，DC/DC 将直流高压电转换成直流低压电；

④MCU 被唤醒，进入待命状态。

2. 故障分析详解

仪表显示限功率指示灯与电动机故障指示灯，读取故障信息：全车系统均与 MCU 电动机控制系统失去通信，且诊断仪无法进入电动机控制系统。

通过故障现象与解码器故障信息可知，当前故障现象的主要原因为：“MCU 通信丢失”。根据 CAN 总线通信基础理论可知，导致模块通信丢失的原因包括：

①模块未正常工作（电源、接地、唤醒线路异常；模块自身损坏）；

②CAN 通信故障（终端电阻损坏，CAN 线断路、短路等）。

根据电路原理图可知：北汽 EX3 采用 PEU 式集成化电子控制单元，MCU、OBC、DC/DC 等电气元件共用电源、接地与外部通信，若电源、接地、外部通信故障，则 PEU 内控制模块均无法正常工作，与当前诊断仪显示故障信息不符（诊断仪只显示 MCU 通信丢失），故可排除 PEU 供电、接地与外部通信故障。

可能故障原因：

①MCU 控制模块唤醒线路故障；

②MCU 控制模块自身损坏（含内部通信）；

③BMS 控制模块损坏。

五、故障排除

1. 排故思路

排故流程图如图 4-14 所示。检查电动机控制模块（T48-L1 端子），唤醒信号输入电压，依据测量结果进行下一步操作：电压值正常，引脚无损坏，判断故障原因为 MCU 电动机控制模块自身损坏（含内部通信）；电压值异常，测量 MCU 电动机控制系统模块（T28-X 端子），唤醒信号输出电压，电压值正常，测量唤醒信号线阻值，检查连接器引脚/端子是否损坏；电压值异常，判断故障原因为 BMS 控制模块自身损坏。

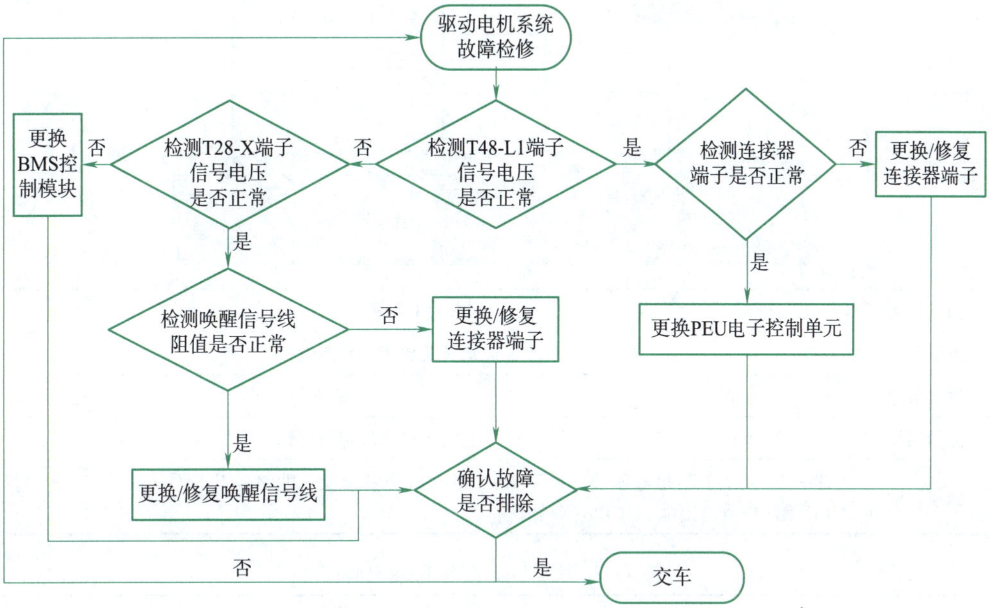

图 4-14　排故流程图

2. 故障排查注意事项

①维修作业前，应对绝缘手套、护目镜等基本安全用具进行检查；

②禁止穿拖鞋进入维修区域，车辆检查时应正确穿戴符合安全要求的劳保用品；

③使用举升机时，确保车辆处于正确位置，且需要不少于两人对其进行检查；

④进入车辆底部时，必须佩戴绝缘安全帽；

⑤对车辆高压线路进行检查时，需先对车辆进行高压下电操作；

⑥故障排查结束后，遵守实训场地的 5S 管理，规范恢复车辆及工具；

⑦如出现触电，应立即切断电源进行抢救。

3. 线路排查

线路排查主要包括测量 MCU 电动机控制模块唤醒输入信号（见表 4-15）、MCU 唤醒信号输出端子（见表 4-16）、测量 MCU 电动机控制模块唤醒信号线阻值（见表 4-17）。

表 4-15　测量 MCU 电动机控制模块唤醒输入信号

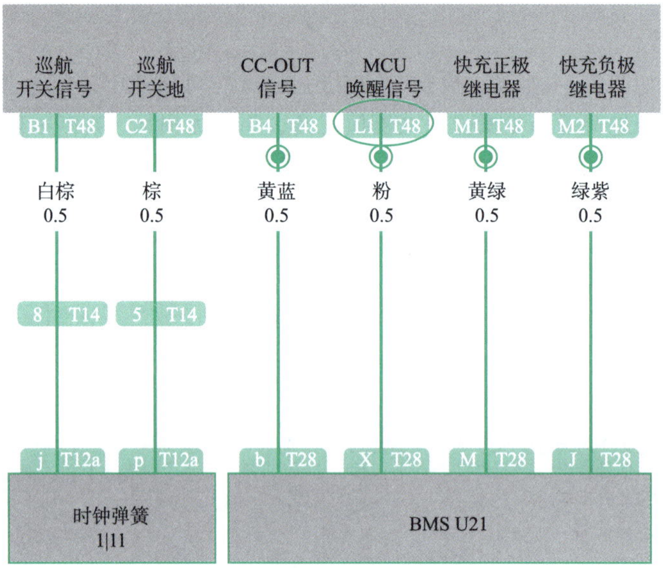

测量位置	T48-L1 端子			
测量条件	车辆启动开关置于 ON 挡位			
测量数据	测量值	0 V	标准值	12 V
测量结果	信号电压不符合规定值			
测量说明	T48-L1 端子未测得电压值，说明 MCU 电动机控制模块未收到唤醒信号，下一步，可测量 MCU 唤醒信号输出端子（T28-X 端子）			

表 4-16　MCU 唤醒信号输出端子

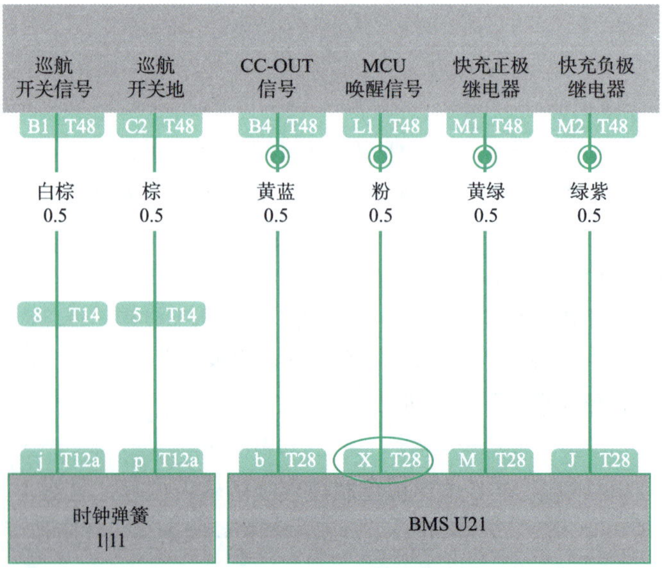

测量位置	T28-X 端子

测量条件	车辆启动开关置于 ON 挡位			
测量数据	测量值	12 V	标准值	12 V
测量结果	电压属于正常数值			
测量说明	T28-X 端子测得电压值，说明 BMS 工作正常，已向 MCU 发送唤醒信号，下一步，可测量 MCU 唤醒信号线阻值，判断 MCU 唤醒信号线是否断路			

表 4-17　测量 MCU 电动机控制模块唤醒信号线阻值

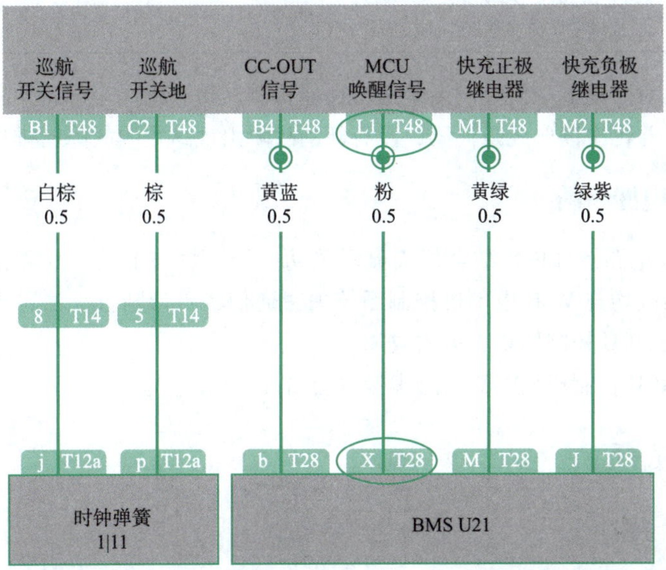

测量位置	T48-L1 端子；T28-X 端子			
测量条件	拔下连接器测量插头端；点火开关处于 OFF 挡位			
测量数据	测量值	无穷大	标准值	0.1 Ω
测量结果	电阻属于异常数值			
测量说明	阻值无穷大，说明 MCU 电动机控制模块唤醒信号线断路			

4. 诊断结果

经检测，确认故障点为 T48-L1 至 T28-X 端子间，MCU 电动机控制模块唤醒信号线断路。

5. 维修建议

更换/修复 T48-L1 至 T28-X 端子间，MCU 电动机控制模块唤醒信号线，确保维修后符合标准。

六、性能检查

对完成修复后的驱动电动机控制系统进行性能检查，驱动电动机控制系统基本检查详见表 4-18，确保故障已排除。

表 4-18 车辆充电系统基本检查表

序号	检查项目	检查方法	技术要求	检查结果（√或×）
1	检查高压系统是否上电	踩下制动踏板，点火开关旋转至 ON 挡位	READY 指示灯亮起；可听到接触器吸合声	√
2	仪表是否存在故障信息提示	踩下制动踏板，点火开关旋转至 ON 挡位	仪表无故障指示灯与故障信息提示	√
3	故障代码	点火开关旋转至 ON 挡位，连接诊断仪	清除故障后，读取故障信息，无故障代码	√

修复故障后对驱动电动机控制系统进行性能检测，检测结果全部正常；且重新接通诊断仪清除故障，并再次读取故障代码，没有新的故障出现，表明故障已排除。

七、故障机理分析

通过对 PEU 电路图分析，结合仪表显示限功率指示灯与电动机故障指示灯，读取故障信息：全车系统均与 MCU 电动机控制系统失去通信，且诊断仪无法进入电动机控制系统，可判断存在 MCU 控制模块相关的故障。

如果其他 MCU 控制模块唤醒线路虚接也会出现此类故障。

质量检查

一、小组自检

各小组对照项目目标，参照表 4-19 对项目实施过程进行再次检查确认，保证故障诊断的完整性及准确性。

表 4-19 小组自检表

序号	检 查 项 目	检 查 结 果
1	作业前规范进行场地准备工作	□是 □否
2	作业前规范对劳保用品进行安全检查	□是 □否
3	正确完成车辆下电操作	□是 □否
4	正确完成驱动电动机系统的故障检测与维修	□是 □否
5	遵守 5S 管理，规范恢复车辆及工具	□是 □否
6	无任何事故发生	□是 □否

二、教师检查

教师根据各小组项目完成情况，参照表 4-20，对故障诊断结果进行质量检查，并对各小组项目实施过程中所存在的问题提出改进措施与建议。

表 4-20　教师检查表

<table>
<tr><td colspan="2">班级：</td><td>组名：</td><td colspan="2">成绩：</td></tr>
<tr><td colspan="5">项目名称：</td></tr>
<tr><td colspan="3">评 价 项 目</td><td>分数</td><td>教师评价</td></tr>
<tr><td rowspan="4">职业素养（10 分）</td><td colspan="2">团队协作能力</td><td>2</td><td></td></tr>
<tr><td colspan="2">计划组织能力</td><td>2</td><td></td></tr>
<tr><td colspan="2">诊断分析能力</td><td>2</td><td></td></tr>
<tr><td colspan="2">质量意识</td><td>4</td><td></td></tr>
<tr><td rowspan="5">职业技能（76 分）</td><td colspan="2">发现并确认故障现象</td><td>8</td><td></td></tr>
<tr><td colspan="2">分析故障原因</td><td>20</td><td></td></tr>
<tr><td colspan="2">制定故障排除方案</td><td>20</td><td></td></tr>
<tr><td colspan="2">实施故障诊断流程</td><td>20</td><td></td></tr>
<tr><td colspan="2">检验或提出维护建议</td><td>8</td><td></td></tr>
<tr><td rowspan="2">安全考评（14 分）</td><td colspan="2">落实“5S”</td><td>7</td><td></td></tr>
<tr><td colspan="2">安全操作</td><td>7</td><td></td></tr>
<tr><td>存在问题及改进措施</td><td colspan="4"></td></tr>
<tr><td colspan="4">总成绩</td><td></td></tr>
</table>

讨论提升

各小组以北汽 EU5 实训车辆为例，制定新能源汽车驱动电动机控制系统故障诊断流程。同时查一查，在国产新能源汽车品牌中，哪些汽车使用的是全自主研发的电动机。

评价反馈

小组成员完成驱动电动机系统故障诊断项目后，每位成员对课程内容及个人实操表现进行反思总结。

①你认为本项目的重难点是什么？

____

____

____

②项目实施过程中是否遇到问题？你是怎么解决的？

____

____

③请对你在项目实施过程中的表现进行总结和反思。

____

拓展阅读

中国电机之父——钟兆琳

钟兆琳是我国电机制造工业的拓荒者和奠基人，有“中国电机之父”之称，是我国电机工程专家，是钱学森的老师，更是开拓大西北的积极倡导者、实践者和建设者。1955年，国务院决定交大内迁西安，支援大西北工业国防建设，钟先生极力拥护迁校，认为迁校西北，交大大有可为。他陪同彭康校长亲临西安勘定校址，当踏在兴庆宫南交大新址广袤的麦田上，钟先生情不自禁地欢呼雀跃了起来。

钟兆琳早年留学美国，怀着教育救国的思想，1927年毅然放弃美国优越的工作和生活条件负笈东归。他常对学生们讲，不把西北开发建设起来，中国就没有真正的繁荣昌盛。西迁时，钟兆琳年近花甲，周总理说，钟先生年纪大了，就不必去了。但钟兆琳表示：“上海经过许多年发展，西安无法和上海相比，正因为这样，我们要到西安办校扎根，献身于开发共和国西部的事业。”于是他卖掉了自己在上海的住宅，把卧病在床的夫人安顿好后，只身一人随校西迁。

对一所高等院校来说，学科专业建设是其根本事业。交大迁校后，学校将学科专业建设定位为“调整现有专业，着重提高机电专业，发展尖端专业”。当时交大已有专业中的机电专业等优势学科，悉数迁来西安。

到西安后，年过花甲的钟兆琳教授独自一人天天吃集体食堂，第一个到教室给学生上课，并迎难而上建立了全国高校中第一个电机制造实验室。老骥伏枥，志在千里；烈士暮年，壮心不已。就这样，年近花甲的钟兆琳，不辞辛劳，事必躬亲，在一片荒凉的黄土地上将西安交大电机系扶上了迅猛发展的轨道，并逐渐成为国内基础雄厚、规模较大、设备日臻完善的高校电机系。

钟兆琳一生立志建设大西北，矢志不移，他也常常教导学生和青年教师理解献身大西北的民族意义和历史意义。直到他80岁高龄，还不辞辛苦前往新疆和甘肃等地考察，还想着学习维吾尔语，好为新疆人民服务。一直到去世前不久，他还对开发大西北提出建议，并对未能亲自去宁夏考察终生遗憾。钟兆琳临终前，曾谆谆告诫儿子，要求去世后骨灰安放西安，安放在他钟爱的黄土地，安放在他献出一生的大西北。

1990年，钟兆琳病逝，其子女遵遗嘱将他几乎全部积蓄赠予学校，西安交大以此设立了“钟兆琳奖学金”，勉励优秀学子奋发图强。

项目五 充电系统故障检修

项目引入

在动力电池包电量低时，新能源汽车通过充电系统将电池包与电网连接，对电池包进行充电，以便驱动车辆行驶。通过充电系统，新能源汽车可以在充电站、家庭充电桩等地方进行充电，以满足日常驾驶所需的电能。新能源汽车有多种充电模式可供选择，不同充电模式各有利弊。通过本项目的学习，将掌握新能源汽车充电系统的分类及特点，了解慢充充电系统的组成、基本原理，以及系统故障检修方法。

项目目标

1. 知识目标

(1) 了解新能源汽车交流充电系统的组成及各部件的作用；

(2) 了解并掌握新能源汽车交流充电的工作原理；

(3) 能准确识读并独立解析慢充充电系统电路图；

(4) 能叙述慢充充电系统的控制原理和逻辑。

2. 技能目标

(1) 能够独立排查检测出慢充充电系统故障；

(2) 能根据故障原因制定慢充充电系统的排故方案；

(3) 能正确使用测量器具对慢充充电系统进行故障诊断；

(4) 能根据故障诊断结果提出维修建议。

3. 素养目标

结合新能源汽车充电知识培养安全生产意识和责任。

知识链接

纯电动汽车通常会同时具备交流充电和直流充电两种充电模式。其中，交流充电口由交流充电高压线束连接到车载充电机，车载充电机对电流进行转换后，通过正、负直流充电高压线束连接到动力电池；直流充电口由直流充电高压线束直接连接到动力电池。

一、充电模式分类

根据 GB/T 20234.1—2023《电动汽车传导充电用连接装置　第 1 部分：通用要求》可知，国家标准关于电动汽车充电模式及连接方式明确给出定义。充电模式是指连接电动汽车到电网给电动汽车供电的方法。连接方式是指使用电缆和连接器将电动汽车接入电网的方法。电动汽车常用的充电方式主要有常规充电方式、快速充电方式、更换电池充电方式、无线充电方式和移动式充电方式。

常规充电方式：常规充电方式采用恒压、恒流的传统充电方式对电动汽车进行充电，一般指的是交流慢充。使用普通的充电桩对电池包进行充电，充电时间较长，一般需要几个小时甚至更长时间。其特点是充电速度慢、安全可靠、充电效率高。图 5-1 所示为北汽 EU5 慢充接口，图 5-2 所示为北汽随车充电设备。

图 5-1 北汽 EU5 慢充接口

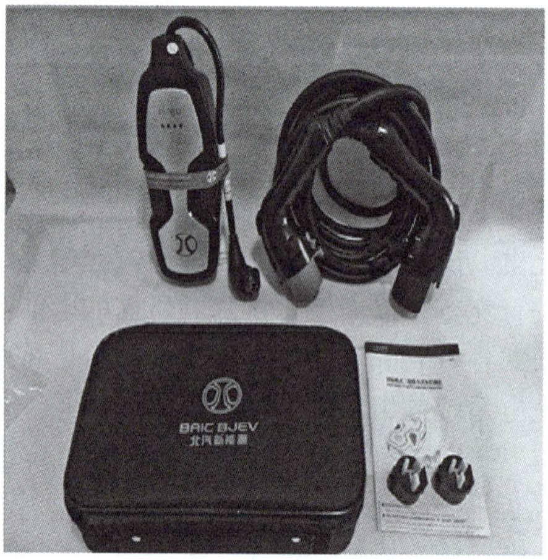

图 5-2 北汽随车充电设备

快速充电方式：快速充电方式又称直流充电，是指使用专门的快速充电器，以 150 ~ 400 A 的高充电电流在短时间内为动力蓄电池进行充电，充电速度比常规充电方式快很多，充电时间一般在 1 ~ 2 h 之间。其特点是充电速度快、充电效率高，但电池寿命有影响。小鹏汽车超级充电站属于快速充电方式，如图 5-3 所示。

图 5-3 小鹏汽车超级充电站

更换电池充电方式：更换电池充电方式是指将电池取出后，替换成新的电池进行充电。其特点是充电速度快、充电效率高，但需要备用电池，换电站建设成本高，限制了其布局密度。蔚来汽车换电站属于更换电池充电方式，如图 5-4 所示。

图 5-4　蔚来汽车换电站

无线充电方式：无线充电方式是指不依赖充电电缆即可对电动汽车充电，通过电磁感应、电磁共振、射频等方式实现非接触式的电力传输，如图 5-5 所示。电动车无线充电的基本原理，相比有线充电，主要是多了接收线圈，简略了充电接口。其特点是充电方便、无须担心电线损坏，但充电速度较慢。

移动式充电方式：移动式充电方式（MAC）是指新能源汽车在行驶过程中便可完成充电，是一种最理想的充电方式，如图 5-6 所示。移动式充电不仅可以简化车载充电接口，还能有效解决纯电动汽车的续航问题，用户就没有必要去寻找充电站、停放车辆并花费时间去充电了。但由于 MAC 系统需埋设在路面之下，对道路基础建设要求高，改造成本极大。

图 5-5　无线充电方式示意图

图 5-6　移动式充电方式示意图

二、慢充系统的结构组成

电动汽车慢充充电系统主要由供电设备（交流充电桩或家用交流电源）、充电枪、慢充充电接口、车载充电机、高压线束、高压控制盒、动力电池、整车控制器（VCU）和低压控制线束等部件组成。慢速充电系统的特点为充电功率小、充电时间长、充电设备成本低。慢充充电枪实物图如图 5-7 所示。

三、慢充系统的工作过程

交流慢充系统基本工作原理如图 5-8 所示。慢充充电枪插入慢充接口连接正常后，车载充电机被交流充电桩发送的 CP 信号唤醒，通过硬线输出 12 V 的信号唤醒整车控制器

VCU。VCU 被唤醒后，吸合主继电器给各控制器供电，并通过硬线输出 12 V 信号唤醒辅助控制仪表板（ACP，又称智能大屏）。接着 VCU 控制高压上电，判断可充电后发送充电使能给动力电池管理系统 BMS；BMS 接收到 VCU 发送的充电使能后，给车载充电机发送充电使能，并根据电池状态与充电桩输出能力，给车载充电机发送请求充电电流与电压。车载充电机接收到 BMS 的充电使能后启动充电，并根据 BMS 发送的请求充电电流与电压，将电网输出的 220 V 交流电转换成直流电给动力电池充电。

图 5-7　慢充充电枪实物图

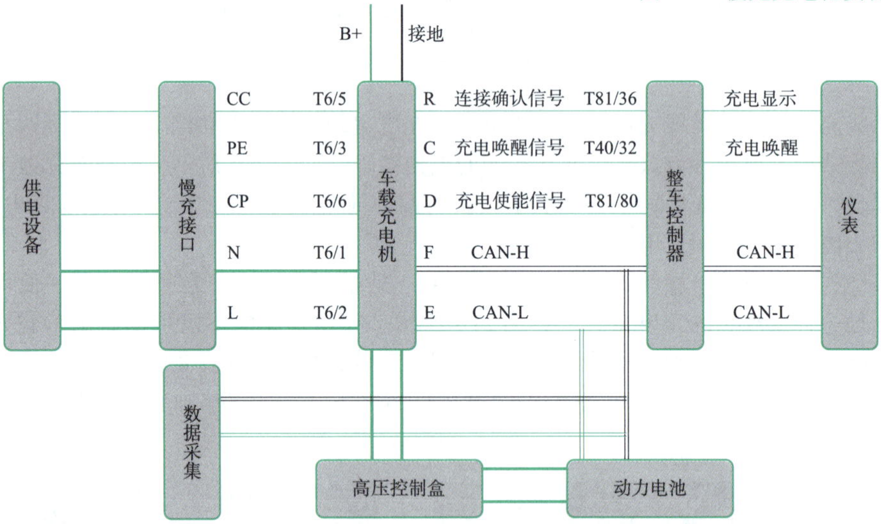

图 5-8　交流慢充系统基本工作原理

四、不同充电方式的特点

新能源汽车的充电形式主要包括慢充和快充两种方式。慢充是指通过低功率的充电设备进行充电，充电时间较长，一般需要数小时到数十小时不等；而快充则是指通过高功率的充电设备进行充电，充电时间较短，一般只需要数十分钟到数小时不等。下面分别介绍慢充和快充。

1. 慢充充电模式

慢充的优点如下：

①充电设备成本低：慢充所需的充电设备成本相对较低，一般只需要数千元到数万元不等，比较适合家庭用户使用。

②充电时间长：慢充充电时间较长，一般需要数小时到数十小时不等，但可以充满电池，满足日常使用需求。

③对电池寿命影响小：慢充充电速度较慢，对电池寿命的影响较小，可以延长电池的使用寿命。

慢充的缺点如下：

①充电速度慢：慢充充电速度较慢，需要较长的充电时间，对用户的使用体验有一定影响。

②充电设备需求高：慢充需要使用低功率的充电设备，需要较高的电源负载能力，因此需要在家庭或者公共场所设置充电设施。

2. 快充充电模式

快充的优点如下：

①充电速度快：快充充电速度较快，可以在短时间内充电到一定电量，提高用户的使用体验。

②充电设施普及率高：快充充电设施的普及率较高，可以在各种公共场所进行充电，比如商场、加油站、停车场等。

快充的缺点如下：

①充电设备成本高：快充充电设备成本较高，一般需要数十万元或者更高的价格，对于个人用户来说较为昂贵。

②充电时间不稳定：由于快充充电速度较快，充电时间受到电池的温度、充电电量等因素的影响，充电时间不稳定，可能会出现充电不足或者充电过度的情况。

③对电池寿命影响大：快充充电速度较快，会对电池寿命造成一定影响，需要用户进行合理使用，避免频繁快充。

综上所述，慢充适合日常使用，成本低、对电池寿命影响小，但是充电速度较慢；而快充适合长途出行，充电速度快、充电设施普及率高，但是成本高、对电池寿命影响大。因此，用户需要根据自己的实际需求进行选择。

项目实操一

一、项目情景

1. 车辆信息

车型：<u>北汽 EU5</u>　　　　年款：<u>2019</u>

行驶里程：____________　　　　电量：____________

车辆 VIN 码：____________

车辆外观状况：____________　　　　车辆内饰状况：____________

2. 故障现象

车辆亏电充电时，无法慢充充电，充电时仪表不亮；车辆可正常行驶。

3. 设备及工具清单

车用万用表、新能源汽车故障诊断仪、与解码器配套的电脑、汽修专用工具套装。

二、小组划分

慢充系统故障检修采用划分小组的形式开展，各小组完成记录表见表 5-1。

表 5-1　实训小组记录表

<table>
<tr><td>班级：</td><td>组名：</td><td>组长：</td><td>项目名称：</td></tr>
<tr><td colspan="4">组员：</td></tr>
<tr><td rowspan="2">成员任务职责</td><td colspan="3">组长负责本学习任务的小组组织、决策、安全管理等</td></tr>
<tr><td colspan="3">组员负责：
（1）安全监督以及完成组内其他学习任务；
（2）工具备料以及完成组内其他学习任务；
（3）技术资料准备以及完成组内其他学习任务；
（4）常规操作以及完成组内其他学习任务；
（5）文本记录以及完成组内其他学习任务</td></tr>
</table>

三、故障确认

1. 一般故障诊断流程

此次实操依据图 3-6 所示的故障诊断流程进行，完成发现故障、确认故障、分析故障、排除故障、结果检验等步骤，掌握故障诊断与排除的基本方法。

2. 车辆基本检查

根据车辆故障现象，确定基本检查项目并完成基本检查，见表 5-2。

表 5-2 车辆充电系统基本检查表

序号	检查项目	检查方法	技术要求	检查结果（√或×）
1	车辆仪表板	目测	为车辆进行交流充电时，车辆仪表板可以亮起并进入充电信息界面，右下角有充电状态图标	×
2	充电口	目测	充电口针孔无破损，无污渍	√
3	动力电池箱	听声音	在插入交流充电枪后 5 s 内可以听到高压继电器吸合时的动作声音	×
4	车辆行驶	操作	拔掉充电插头，启动车辆并驱动电动机转动，车辆行驶正常	√

经慢充充电，确认故障现象为：插上充电枪后，刷卡充电车辆无任何反应，如仪表不亮，主接触器不闭合，更换慢充充电桩进行充电，也不可以充电，排除充电桩故障，车辆可上电行驶且其他功能正常。确认车辆充电系统出现问题。

3. 查询故障代码

连接诊断设备对整车系统进行扫描，查询故障代码，诊断仪故障代码如图 5-9 所示。诊断结果：与车辆连接成功后，在车载充电机（CHG）和整车控制器（VCU）界面均无故障代码和故障信息出现。

图 5-9 诊断仪故障代码

四、故障分析

根据当前的故障现象和解码器诊断结果推测故障原因，通过可能故障原因制订排故计划与操作流程。

1. 相关控制原理

查阅北汽 EU5 维修手册中车辆慢充系统电路原理图，并对其进行拆画，详见表 5-3。

表 5-3　车辆慢充系统电路原理图拆画

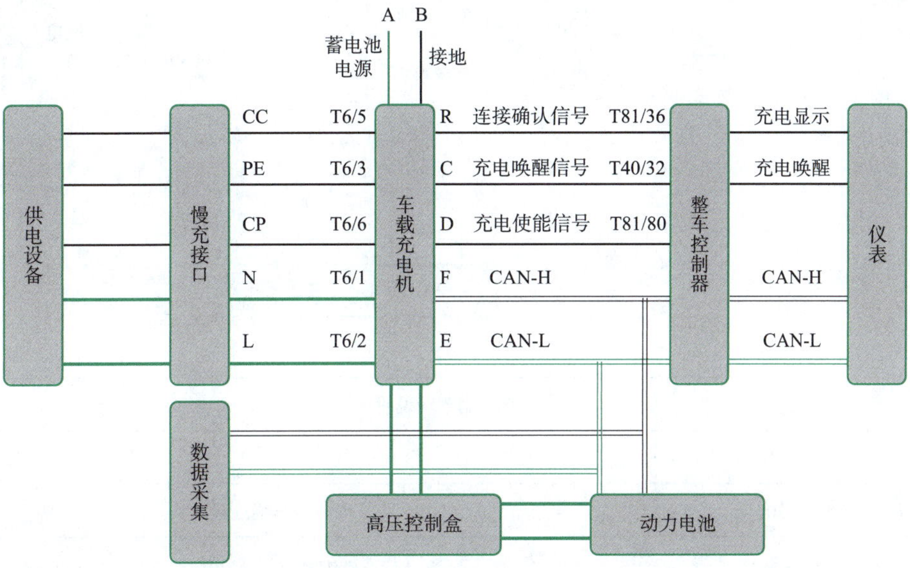

序号	端点编号	端点定义
1	A	车载充电机电源
2	B	车载充电机地线
3	C	慢充唤醒输出线
4	D	车载充电机使能线
5	E	EVCAN 高
6	F	EVCAN 低
7	R	慢充连接确认线
8	N	N 线
9	L	L 线
10	PE	PE 地线
11	CC	CC 连接确认线
12	CP	CP 连接控制导引线

交流充电控制逻辑图拆画见表5-4。

表5-4 交流充电控制逻辑图拆画

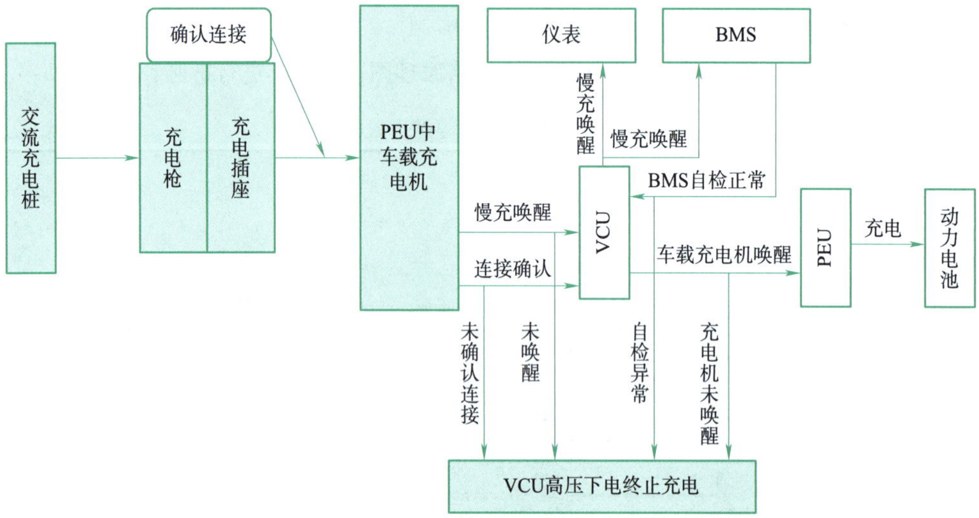

慢充控制逻辑说明

序号	步骤	说　明
1	插枪	将充电枪与车辆连接
2	连接确认	CC 连接确认线确认连接
3	确认连接，确认功率	CP 线确认连接，确认充电功率
4	慢充唤醒	PEU 唤醒 VCU
5	唤醒电脑	VCU 唤醒仪表及 BMS
6	慢充连接确认	PEU 发送信号给 VCU 确认
7	充电机工作	VCU 发出信号给充电机
8	CAN 线工作	车载充电机 EVCAN 线接发信号

控制原理分析：

①车载充电机确认充电枪与车辆连接，由 CC 和 CP 确认连接，同时 CP 还可以确定充电功率；

②确认连接后，PEU 发出唤醒信号唤醒 VCU，VCU 发出唤醒信号唤醒仪表、BMS；

③仪表充电指示灯亮起，BMS 自检，自检后反馈信号给 VCU；

④唤醒后，PEU 发送慢充确认连接信号给 VCU；

⑤VCU 发送车载充电机使能信号，车载充电机工作；

⑥车载充电机工作，车辆开始充电。

2. 故障分析详解

（1）分析依据

观察仪表未发现充电指示灯，考虑仪表问题，又因车辆可正常上电行驶且仪表正常使用，故排除仪表故障。充电时 BMS 高压继电器未吸合但车辆可正常上电行驶，说明 BMS 及动力电池系统自身无故障。因诊断仪无故障，排除控制单元与控制单元的通信故障及 CAN 线故障。

观察完后查询电路图及原理图分析，首先车载充电机要接收到连接确认线 CC 及控制引导线 CP 信号。所以，要确定这两根线信号是否正常。车载充电机接收到 CC 和 CP 信号，则要发送充电唤醒信号及连接确认信号给 VCU，所以要确定这两根信号是否正常；VCU 接收到充电唤醒信号及连接确认信号后发出唤醒信号唤醒仪表和 BMS，所以要确定仪表和 BMS 的唤醒信号是否正常；唤醒仪表和 BMS 后，仪表和 BMS 反馈信号给 VCU，VCU 发出唤醒信号给车载充电机，所以要确定车载充电机的唤醒信号。排除以上故障可更换 PEU。

（2）可能故障原因

①PEU CC 线路故障；

②PEU CP 线路故障；

③车载充电机供电线路故障；

④车载充电机接地线路故障；

⑤PEU 慢充唤醒输出线路故障；

⑥PEU 慢充连接确认线路故障；

⑦VCU 车载充电机唤醒线路故障；

⑧车载充电机自身故障；

⑨PEU、VCU、BMS 自身故障。

五、故障排除

1. 排故思路

排故流程图如图 5-10 所示。

从故障率由高到低测量或由简到繁测量：为确保车载充电机正常工作，所以首先检测车载充电机的供电和搭铁；供电搭铁正常，则要测量连接确认线 CC；连接确认线正常下一步确认控制引导线 CP；CP 线正常则要排除充电唤醒线和连接确认线；充电唤醒线和连接确认线正常则要测量仪表及 BMS 的唤醒线；仪表及 BMS 的唤醒线正常，则要测量车载充电机的充电唤醒信号。

2. 故障排查注意事项

①维修作业前，应对绝缘手套、护目镜等基本安全用具进行检查；

②禁止穿拖鞋进入维修区域，车辆检查时应正确穿戴符合安全要求的劳保用品；

③使用举升机时，确保车辆处于正确位置，且需要不少于两人对其进行检查；

④进入车辆底部时，必须佩戴绝缘安全帽；

⑤对车辆高压线路进行检查时，需先对车辆进行高压下电操作；

⑥故障排查结束后，遵守实训场地的 5S 管理，规范恢复车辆及工具；

⑦如出现触电，应立即切断电源进行抢救。

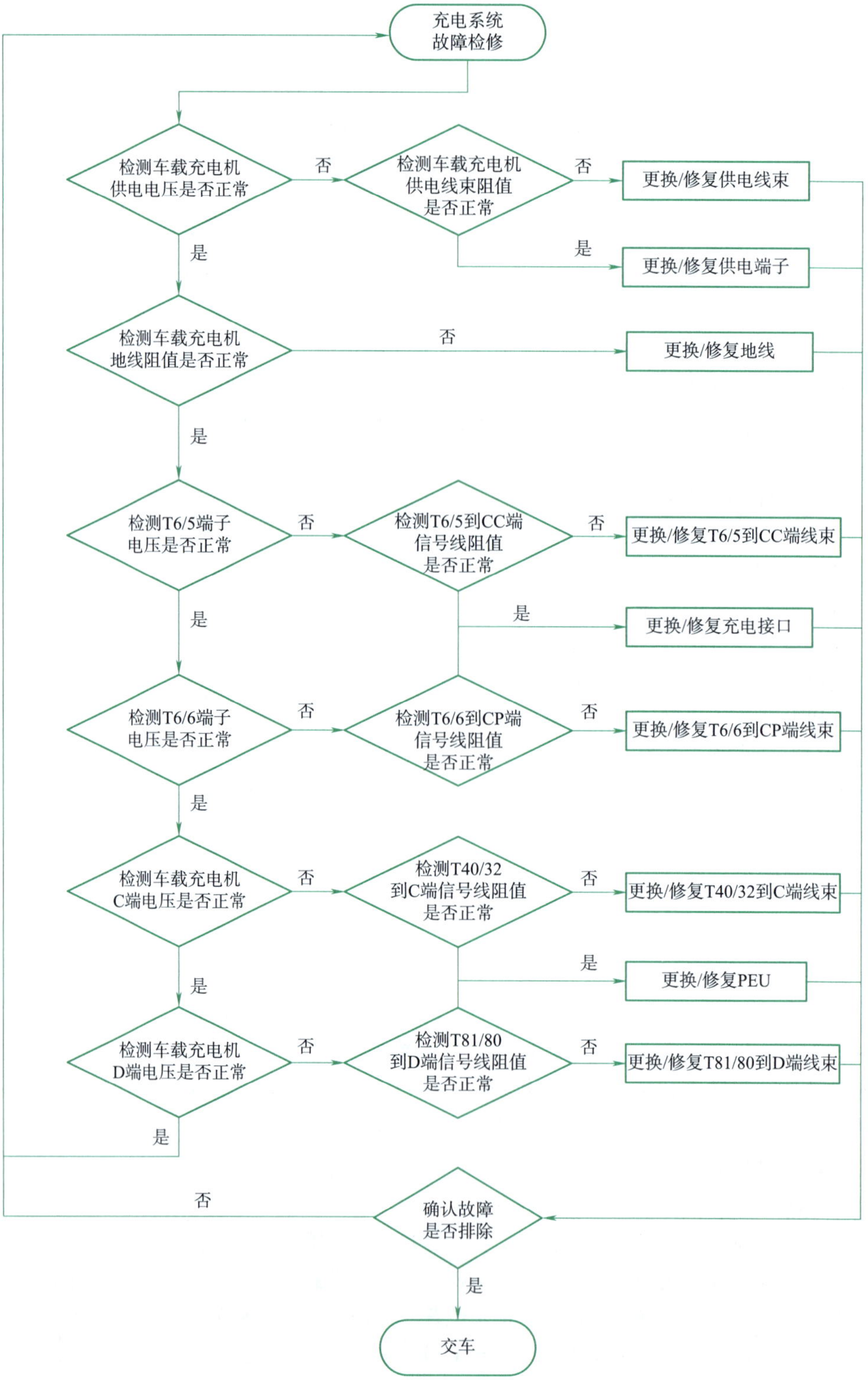

图 5-10 排故流程图

3. 线路排查

线路排查主要包含了测量车载充电机供电电压（见表 5-5）、测量车载充电机搭铁线电阻（见表5-6）、测量慢充连接确认线CC信号电压（见表5-7）、测量CC连接确认线线路（见表5-8）。

表5-5 测量车载充电机供电电压

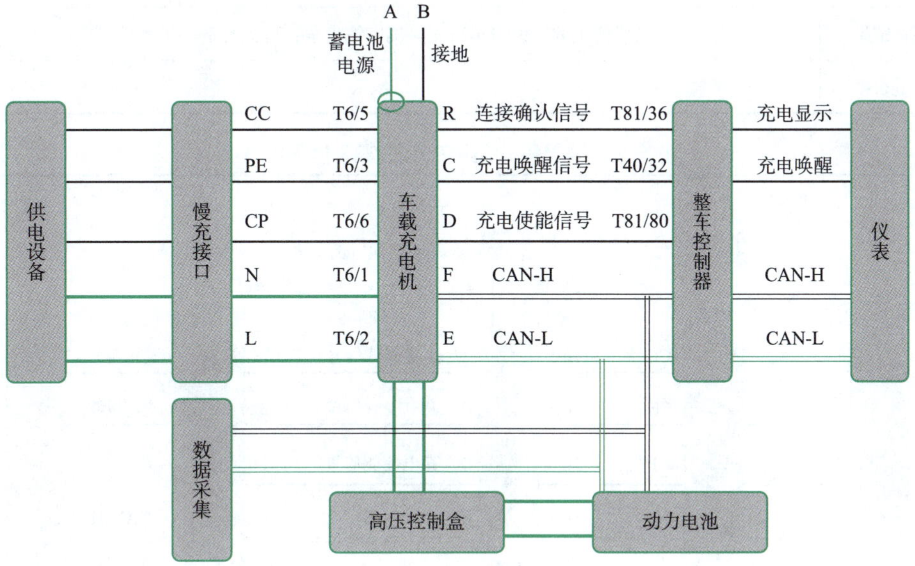

测量位置	PEU A-地			
测量条件	启动开关置于ON挡位			
电压	测量值	12 V	标准值	12 V
测量结果	测量值符合技术标准，说明车载充电机主供电正常，进行下一步操作			
端子是否损坏	否			

表5-6 测量车载充电机搭铁线电阻

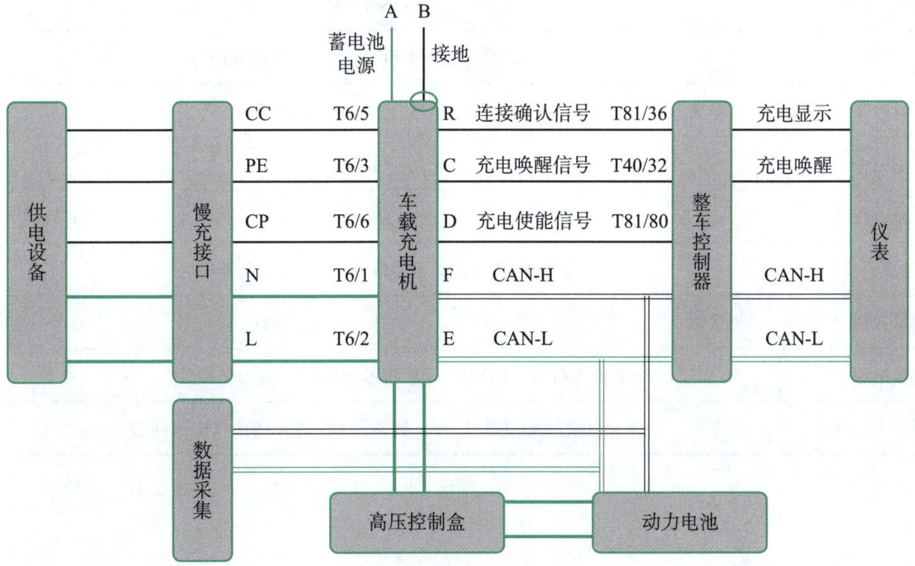

测量位置	PEU B-地			
测量条件	车辆启动开关置于 OFF 挡位			
测量数据	测量值	0.1 Ω	标准值	0.1 Ω
测量结果	电阻值正常，说明车载充电机搭铁正常，可进行下一步测量			
端子是否损坏	否			

表 5-7 测量慢充连接确认线 CC 信号电压

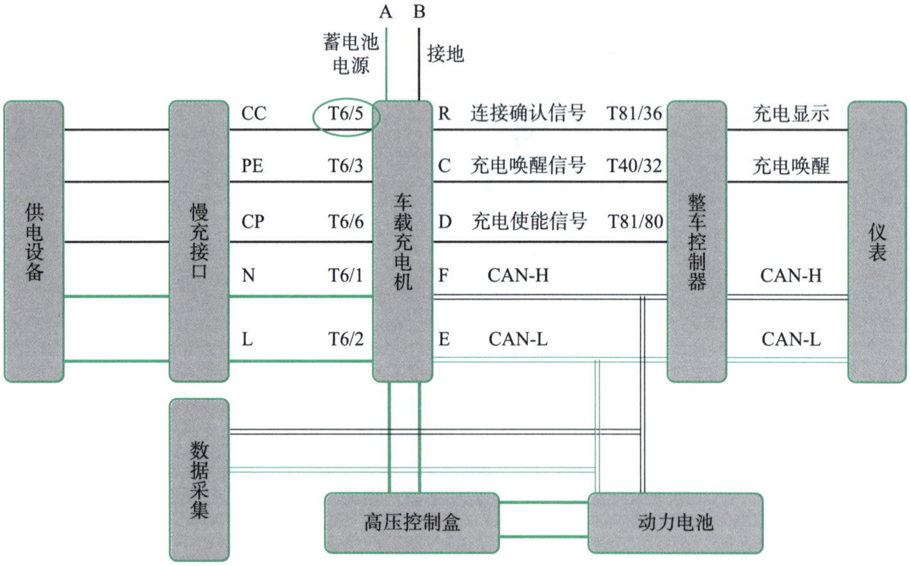

测量位置	T6/5 端子-地			
测量条件 1	车辆启动开关置于 OFF 挡位，不连接充电枪			
测量数据	测量值	12 V	标准值	12 V
测量结果	电压属于正常数值			
端子是否损坏	否			
测量条件 2	车辆启动开关置于 OFF 挡位，连接充电枪			
测量数据	测量值	12 V	标准值	0 V
测量结果	充电枪连接时，CC 线与 PE 线形成回路，信号电压变为 0 V			
端子是否损坏	由于插充电枪还是 12 V，故猜测 CC 连接确认线出现问题			

表 5-8　测量 CC 连接确认线线路

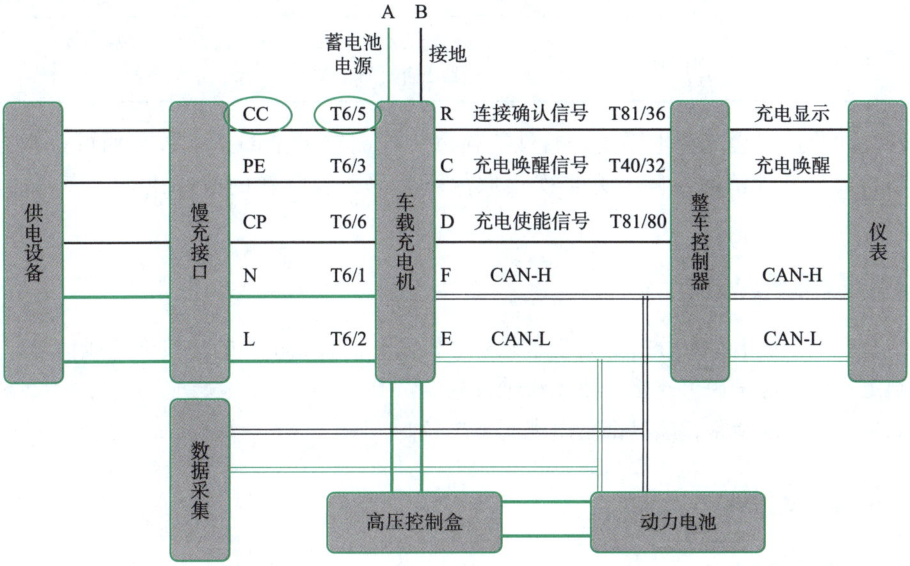

测量位置	T6/5 端子-充电口 CC 针孔			
测量条件	车辆启动开关置于 OFF 挡位			
测量数据	测量值	∞	标准值	0 Ω
测量结果	测量值说明 CC 连接确认线断线			
线路是否损坏	是			

4. 诊断结果

车载充电机 T6/5 到充电口 CC 针孔之间导线断路。

5. 维修建议

更换/修复 T6/5 到充电口 CC 针孔之间导线，确保维修后符合标准值 0 Ω。

六、性能检查

对完成修复后的慢充充电系统进行性能检查，检查项目见表 5-9，确保故障已排除。

表 5-9　慢充充电系统排故后性能检查表

序号	检查项目	检查方法	技术要求	检查结果（√或×）
1	车辆仪表板	目测	为车辆进行交流充电时，车辆仪表板可以亮起并进入充电信息界面，右下角有充电状态图标	√
2	充电口	目测	充电口引脚无破损，无污渍	√

续表

序号	检查项目	检查方法	技术要求	检查结果（√或×）
3	动力电池箱	听声音	在插入交流充电枪后 5 s 内可以听到高压继电器吸合时的动作声音	√

修复故障后对慢充充电系统进行性能检测，检测结果全部正常，车辆可正常充电；且重新接通诊断仪清除故障，并再次读取故障代码，没有新的故障出现，表明故障已排除。

七、故障机理分析

结合充电系统电路图分析，由于车载充电机没有接收到正确的连接确认线信号，所以车辆判定充电枪与车辆未连接，故无法进行充电。

如果此线出现断路、虚接都会出现此类故障。

项目实操二

一、项目情景

1. 车辆信息

车型：北汽 EX3　　年款：2019

行驶里程：__________　　电量：__________

车辆 VIN 码：__________

车辆外观状况：__________　　车辆内饰状况：__________

2. 故障现象

车辆报警需充电，充电时发现车辆无法充电，车辆可正常行驶，充电时仪表不亮。

3. 设备及工具清单

车用万用表、新能源汽车故障诊断仪、与解码器配套的电脑、汽修专用工具套装。

二、小组划分

慢充系统故障检修采用划分小组的形式开展，各小组完成记录表见表 5-10。

表 5-10　实训小组记录表

班级：	组名：	组长：	项目名称：
组员：			
成员任务职责	组长负责本学习任务的小组组织、决策、安全管理等		
	组员负责： （1）安全监督以及完成组内其他学习任务； （2）工具备料以及完成组内其他学习任务； （3）技术资料准备以及完成组内其他学习任务； （4）常规操作以及完成组内其他学习任务； （5）文本记录以及完成组内其他学习任务		

三、故障确认

1. 一般故障诊断流程

此次实操依据图 3-6 所示的故障诊断流程进行，完成发现故障、确认故障、分析故障、排除故障、结果检验等步骤，掌握故障诊断与排除的基本方法。

2. 车辆基本检查

北汽 EX3 充电系统检查项目参见表 5-2。

经慢充充电，确认故障现象为：插上充电枪后，刷卡充电车辆无任何反应，如仪表只有连接确认指示灯点亮，其他指示灯无反应，主接触器不闭合，更换慢充充电桩进行充电，发现问题依旧，排除充电桩故障，车辆可上电行驶且其他功能正常。确认车辆充电系统出现问题。

3. 查询故障代码

连接诊断设备对整车系统进行扫描，查询故障代码，诊断仪故障代码如图 5-11 所示，无故障代码显示。

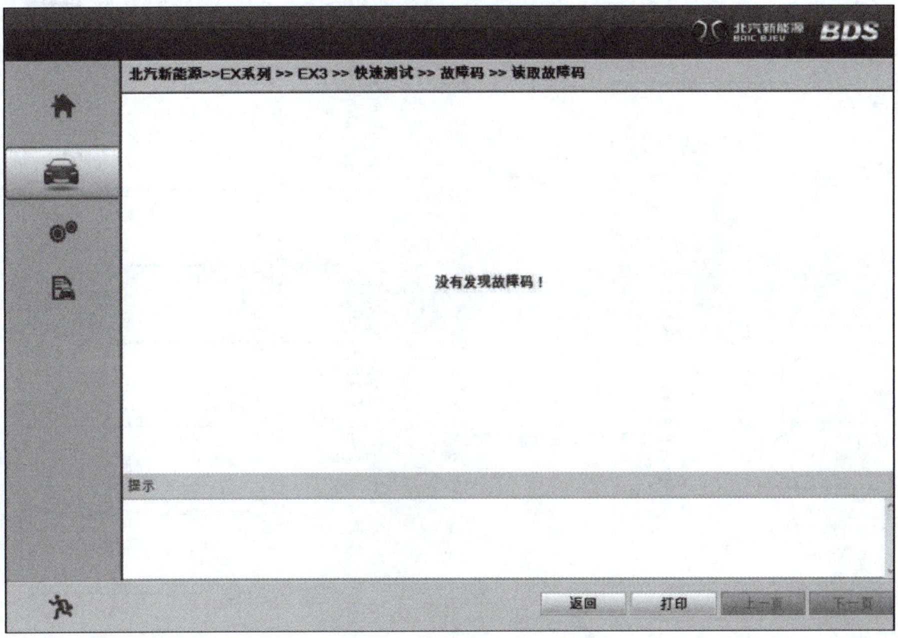

图 5-11　诊断仪故障代码

四、故障分析

根据当前的故障现象和解码器诊断结果推测故障原因，通过可能故障原因制订排故计划与操作流程。

1. 相关控制原理

车辆慢充电路图如图 5-12 所示。

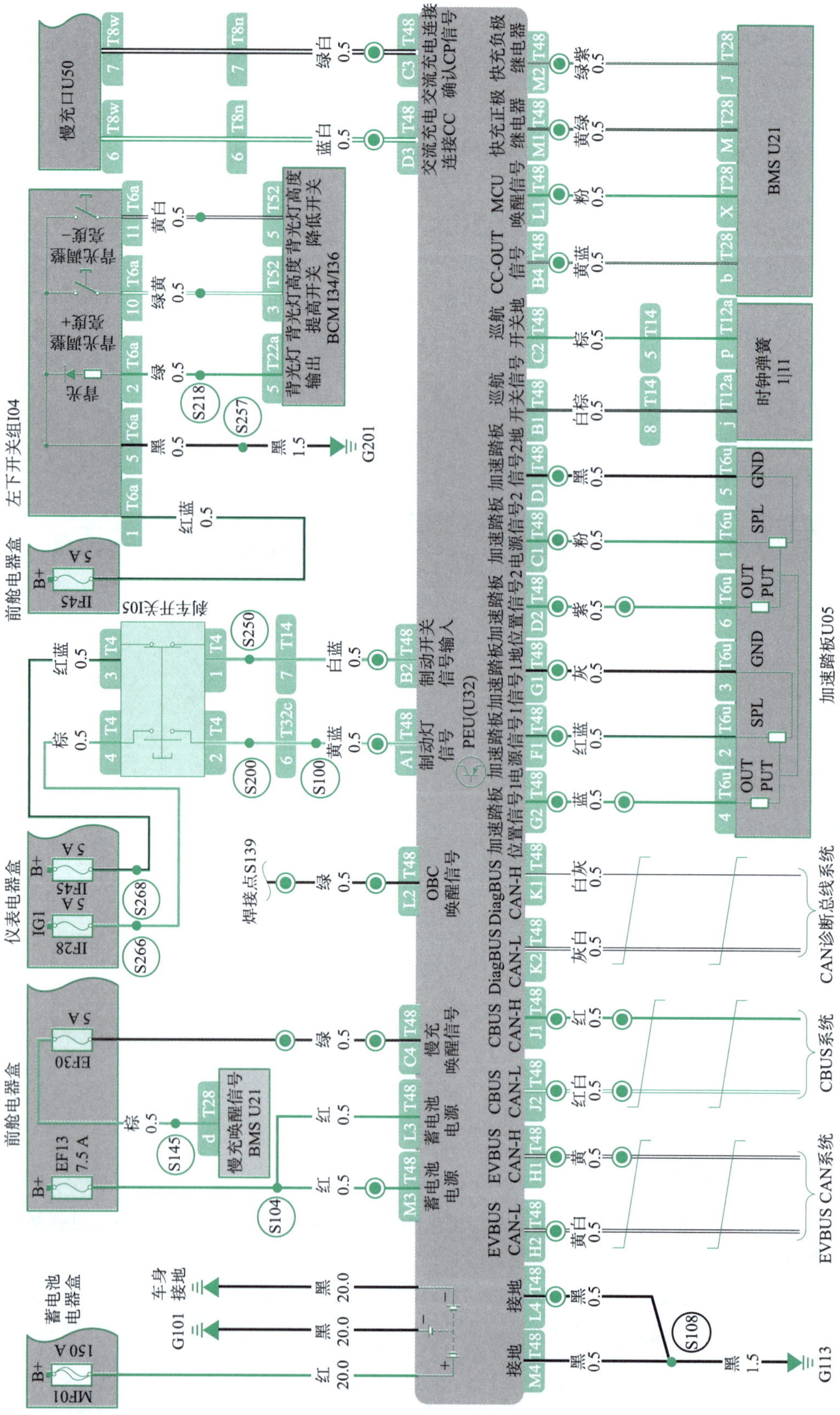

图5-12 车辆慢充电路图

对系统相关电路图进行拆解分析，可得到北汽 EX3 充电系统的交流充电控制逻辑见表 5-11、表 5-12。

表 5-11　交流充电控制逻辑

序号	引　脚	定　义
1	T32/24	IBUS-CAN-L
2	T32/23	IBUS-CAN-H
3	T48/J1	CBUS-CAN-H
4	T48/J2	CBUS-CAN-L
5	T48/D3	交流充电连接 CC
6	T48/C3	交流充电连接确认 CP
7	T48/H1	EVBUS-CAN-H
8	T48/H2	EVBUS-CAN-L
9	T48/L1	MCU 唤醒信号
10	T48/B4	CC-OUT 信号
11	T48/C4	慢充唤醒信号
12	T28/d	慢充唤醒信号
13	T28/b	交流充电连接 CC
14	T28/X	MCU 唤醒信号
15	T28/P	EVBUS-CAN-L
16	T28/R	EVBUS-CAN-H
17	T8W/1	EVBUS-CAN-H
18	T8W/2	EVBUS-CAN-L
19	T8W/6	交流充电连接 CC
20	T8W/7	交流充电连接确认 CP

表 5-12　慢充控制逻辑说明

序号	步　骤	说　明
1	插枪	将充电枪与车辆连接
2	连接确认	CC 连接确认线确认连接
3	CMU 工作	CMU 被唤醒工作，锁止充电枪
4	确认连接信号发送给 BMS	连接好后发送信号给 BMS，BMS 唤醒仪表等工作仪表充电连接灯亮起
5	确认连接，确认功率	CP 线确认连接，确认充电功率
6	慢充唤醒	PEU 发出慢充唤醒信号给 BMS，BMS 开始工作
7	充电机工作	BMS 发出唤醒信号给充电机和 CMU，充电机工作，电子锁锁止

控制原理分析：

①车载充电机确认充电枪与车辆连接，由 CC 和 CP 确认连接，同时 CP 还可以确定充电功率；

②PEU 发出信号告知 BMS 已确认连接，同时通过 CAN 线唤醒仪表，仪表充电连接指示灯亮起；

③确认连接后，PEU 发出唤醒信号唤醒 BMS，BMS 自检动力电池并做好充电准备；

④BMS 及动力电池做好充电准备后，BMS 发出 OBC 唤醒信号，唤醒 OBC，OBC 开始工作；

⑤OBC 唤醒的同时 BMS 唤醒 DC/DC，充电的同时 DC/DC 开始工作为蓄电池充电。

2. 故障分析详解

（1）分析依据

观察仪表充电时除充电连接指示灯外其他充电相关指示灯不亮，考虑仪表问题，又因车辆可正常上电行驶且仪表正常使用，故排除仪表故障。充电时 BMS 高压继电器未吸合但车辆可正常上电行驶，说明 BMS 及动力电池系统自身无故障。

由于更换几个充电桩都无法充电，故排除充电桩问题，可确定是充电系统出现问题。根据经验分析，如果 CC 线路出现问题仪表不会有充电连接显示，所以排除 CC 连接确认线问题。

由于车辆可正常上电行驶，所以充电系统中 PEU 的供电搭铁问题可排除，又因为诊断仪没有故障代码，故排除车辆网络问题，所以就 CP 信号线、唤醒线等进行检测。

（2）可能故障原因

①CP 连接功率确认线故障；

②PEU 慢充唤醒输出线路故障；

③BMS 发出的车载充电机唤醒线路故障；

④车载充电机自身故障。

五、故障排除

1. 排故思路

排故流程图如图 5-13 所示。优先检测慢充充电控制引导线 CP：若电压检测异常，则进一步检查 CP 线束通断；若电压检测正常，则检测慢充唤醒信号及 OBC 唤醒信号：同样，根据检测电压是否正常来判断相应线束是否存在故障。

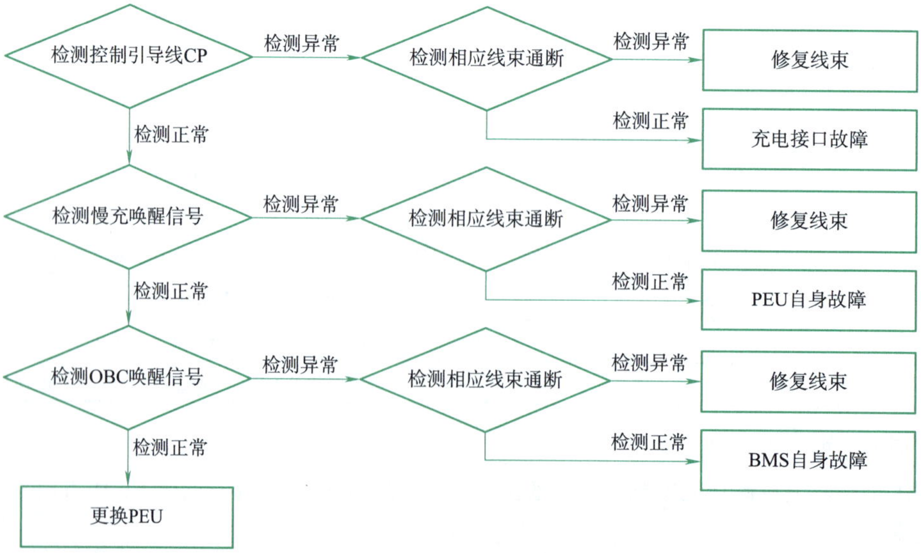

图 5-13 排故流程图

2. 故障排查注意事项

①维修作业前，应对绝缘手套、护目镜等基本安全用具进行检查；

②禁止穿拖鞋进入维修区域，车辆检查时应正确穿戴符合安全要求的劳保用品；

③使用举升机时，确保车辆处于正确位置，且需要不少于两人对其进行检查；

④进入车辆底部时，必须佩戴绝缘安全帽；

⑤对车辆高压线路进行检查时，需先对车辆进行高压下电操作；

⑥故障排查结束后，遵守实训场地的5S管理，规范恢复车辆及工具；

⑦如出现触电，应立即切断电源进行抢救。

3. 线路排查

线路排查主要包含了测量控制引导线CP的电压见表5-13、测量慢充唤醒线电压（PEU端）见表5-14、测量慢充唤醒线电压（BMS端）见表5-15、测量慢充唤醒线通断见表5-16。

表5-13　测量控制引导线CP的电压

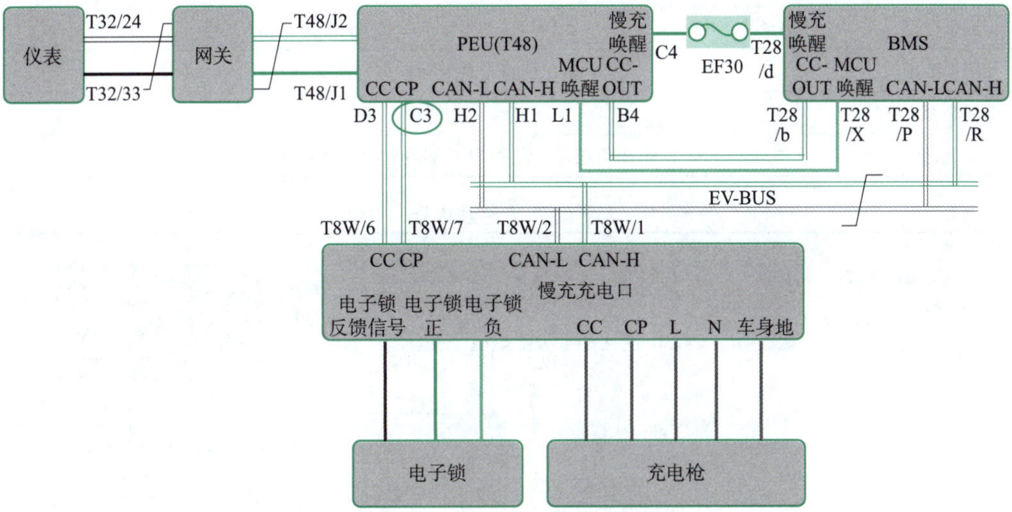

测量位置	T48/C3-地			
测量条件	车辆启动开关置于OFF挡位，连接充电枪充电			
测量数据	测量值	8.6 V	标准值	充电 -7.3 V；插充电枪不充电 8.6 V
测量结果	电压值符合规定标准与当前状态			
端子是否损坏	否			
检查说明	电压值正常，说明充电桩与车辆有沟通，但没有降到 -7.3 V，更加说明车辆没有充电，进行下一步测量			

表 5-14 测量慢充唤醒线电压（PEU 端）

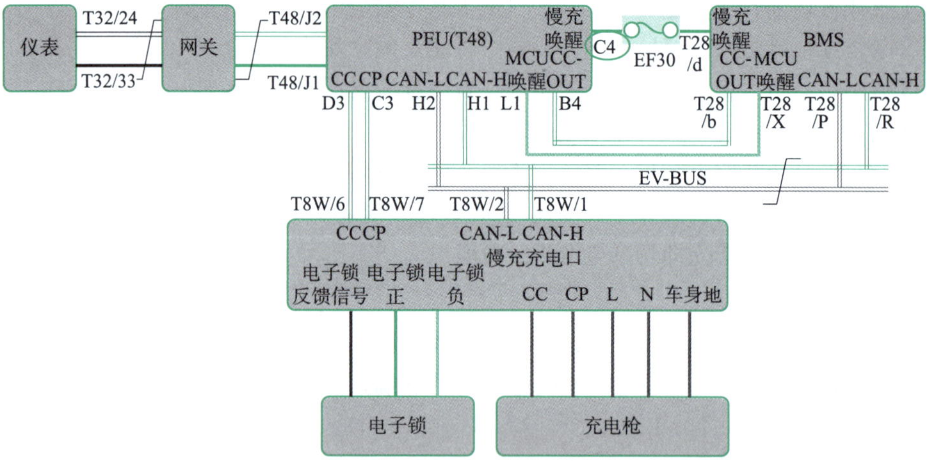

测量位置	T48/C4-地			
测量条件	车辆启动开关置于 OFF 挡位，连接充电枪充电			
测量数据	测量值	12 V	标准值	12 V
测量结果	电压值符合规定标准与当前状态			
端子是否损坏	否			
检查说明	电压值正常，说明 PEU 端慢充唤醒信号电压正常			

表 5-15 测量慢充唤醒线电压（BMS 端）

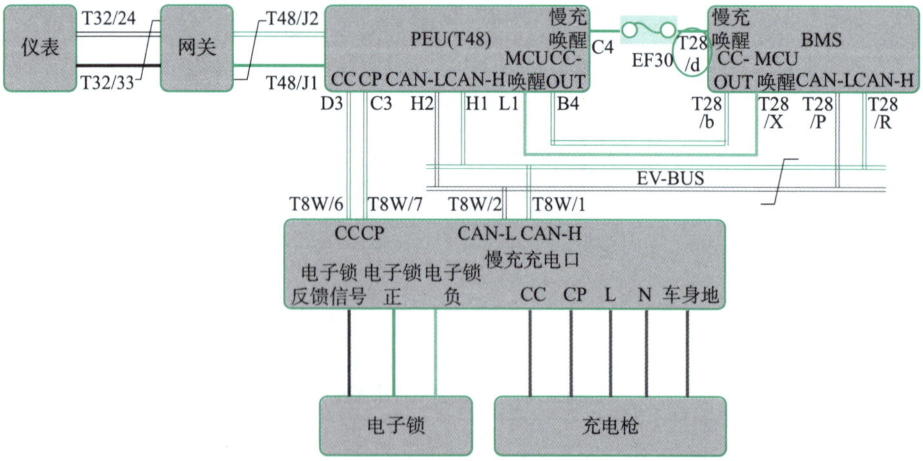

测量位置	T28/d-地			
测量条件	车辆启动开关置于 OFF 挡位，连接充电枪充电			
测量数据	测量值	0 V	标准值	12 V
测量结果	电压属于异常数值			
端子是否损坏	是			
检查说明	电压值 0 V，而 PEU 端电压为 12 V，说明信号没有传输过来，进一步测量信号线			

表 5-16　测量慢充唤醒线通断

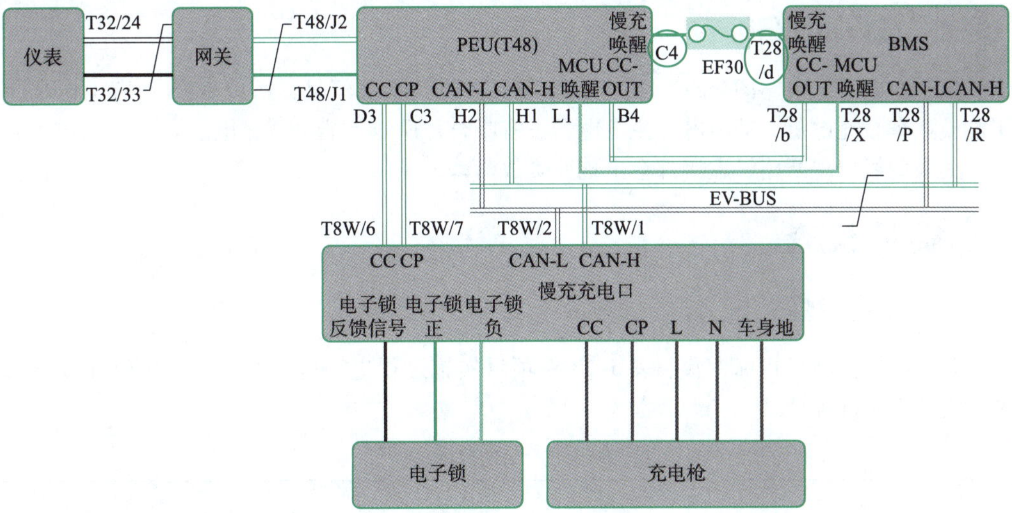

测量位置	T48/C4-T28/d			
测量条件	车辆启动开关置于 OFF 挡位，不连接充电枪			
测量数据	测量值	∞	标准值	0 Ω
测量结果	电阻属于异常数值			
端子是否损坏	是			
检查说明	测量唤醒线两端，得出结果阻值无穷大，故唤醒线断路			

4. 诊断结果

PEU 端引脚 T48/C4 到 BMS 端引脚 T28/d 之间导线断路。

5. 维修建议

修复 PEU 端引脚 T48/C4 到 BMS 端引脚 T28/d 之间导线，确保维修后符合标准值 0 Ω。

六、性能检查

对完成修复后的慢充充电系统进行性能检查，检查项目见表 5-17，确保故障已排除。

表 5-17　修复后检查项目

序号	检查项目	检查方法	技术要求	检查结果（√或 ×）
1	车辆仪表板	目测	为车辆进行交流充电时，车辆仪表板可以亮起并进入充电信息界面	√
2	充电口	目测	充电口引脚无破损，无污渍	√
3	动力电池箱	听声音	在插入交流充电枪后 5 s 内可以听到高压继电器吸合时的动作声音	√

修复故障后对慢充充电系统进行性能检测，检测结果显示充电无异常；且重新接通诊断仪清除故障，并再次读取故障代码，没有新的故障出现，表明故障已排除。

七、故障机理分析

结合充电系统电路图分析，由于 BMS 没有接收到唤醒信号，所以 BMS 没有工作从而不能唤醒车载充电机，动力电池主继电器没有吸合，所以不能进行充电。

如果此线出现断路、虚接都会出现此类故障。

质量检查

一、小组自检

各小组对照项目目标，参照表 5-18 对项目实施过程进行再次检查确认，保证故障诊断的完整性及准确性。

表 5-18　小组自检表

序号	检 查 项 目	检 查 结 果
1	作业前规范进行场地准备工作	□是　□否
2	作业前规范对劳保用品进行安全检查	□是　□否
3	正确完成车辆下电操作	□是　□否
4	正确完成对慢充系统的故障检测与维修	□是　□否
5	遵守 5S 管理，规范恢复车辆及工具	□是　□否
6	无任何事故发生	□是　□否

二、教师检查

教师根据各小组项目完成情况，参照表 5-19，对故障诊断结果进行质量检查，并对各小组项目实施过程中所存在的问题提出改进措施与建议。

表 5-19　教师检查表

<table>
<tr><td colspan="2">班级：</td><td colspan="2">组名：　　　成绩：</td></tr>
<tr><td colspan="4">项目名称：</td></tr>
<tr><td colspan="2">评 价 项 目</td><td>分数</td><td>教师评价</td></tr>
<tr><td rowspan="4">职业素养（10 分）</td><td>团队协作能力</td><td>2</td><td></td></tr>
<tr><td>计划组织能力</td><td>2</td><td></td></tr>
<tr><td>诊断分析能力</td><td>2</td><td></td></tr>
<tr><td>质量意识</td><td>4</td><td></td></tr>
<tr><td rowspan="5">职业技能（76 分）</td><td>发现并确认故障现象</td><td>8</td><td></td></tr>
<tr><td>分析故障原因</td><td>20</td><td></td></tr>
<tr><td>制定故障排除方案</td><td>20</td><td></td></tr>
<tr><td>实施故障诊断流程</td><td>20</td><td></td></tr>
<tr><td>检验或提出维护建议</td><td>8</td><td></td></tr>
</table>

安全考评（14 分）	落实“5S”	7	
	安全操作	7	
存在问题及改进措施			
总成绩			

讨论提升

各小组以北汽 EU5 实训车辆为例，制定新能源汽车交流慢充系统故障诊断流程，并在此基础上，查一查新能源汽车直流快充的工作原理，思考两者在哪些地方存在不同，又在哪些地方是相类似的。

评价反馈

小组成员完成慢充系统故障诊断项目后，每位成员对课程内容及个人实操表现进行反思总结。

①你认为本项目的重难点是什么？

②项目实施过程中是否遇到问题？你是怎么解决的？

③请对你在项目实施过程中的表现进行总结和反思。

拓展阅读

探访“月亮使者”——中国最大的潮汐发电站

从浙江省温岭市坞根镇下楼村一个树木掩映的处所走进去，便到了国家能源集团龙源电力温岭江厦潮汐试验电站。

电站规模不大，但一个个标签，展示着它的“超强实力”：我国最大的潮汐能发电站；世界第四大潮汐能发电站；投运的 1 号机组是世界首例在役全功能三叶片灯泡贯流潮汐发电机组；机组正、反向水轮机和正、反向水泵运行效率及变工况控制的关键技术居世界领先水平。它不仅被写入我国中小学地理教科书，还被列入我国20世纪大事记，镌刻在中华世纪坛的青铜甬道铭文中。

…………

“温岭江厦潮汐试验电站在建设和生产中，完成多项国家重要科学项目和技术课题研究，在双向潮汐发电动机组研发、设计、制造、安装和运维方面积累了宝贵经验。”龙源电力浙江风力发电公司总经理吴金城说。从这个意义上来说，温岭江厦潮汐试验电站不仅仅是先行者，更是探路者。

我国潮汐资源储藏量丰富，综合开发潮汐能不仅可改善生态环境和交通运输条件，更能实现水产养殖、土地围垦、旅游观光等的有机结合，具有巨大的社会效益和经济效益。

项目六 制动系统故障检修

项目引入

制动系统是保证汽车安全行驶最重要的一项主动安全系统，是通过制动器与车轮的摩擦使行驶中的汽车按照驾驶员的意愿进行强制减速甚至停车，使汽车下坡行驶时保持速度稳定，以及在各种道路条件下使停驶的汽车保持稳定不动的装置。通过本项目的学习，掌握新能源汽车制动系统的构成与基本原理，以及制动系统故障检修方法。

项目目标

1. 知识目标

（1）了解新能源汽车制动原理与传统燃油汽车制动原理的区别；

（2）了解并掌握新能源汽车制动系统的结构；

（3）能准确识读并独立解析电子真空泵系统电路图；

（4）能叙述 EU5/EX3 电子真空泵系统的控制原理和逻辑。

2. 技能目标

（1）能够独立排查检测出制动系统故障；

（2）能根据故障原因制定电子真空泵系统的排故方案；

（3）能正确使用测量器具对电子真空泵系统进行故障诊断；

（4）能根据故障诊断结果提出维修建议。

3. 素养目标

培养吃苦耐劳的精神。

知识链接

一、传统汽车制动系统

汽车在制动时，驾驶员通过踩下制动踏板，将脚踩力量传递给与制动踏板相连推杆后的真空助力泵上，通过真空助力泵放大脚踩力，推动制动主泵活塞运动，产生压力液流传送、分配到各车轮的制动器上，使制动器与转动轮毂之间产生摩擦制动力矩让汽车减速或停止。传统汽车制动系统主要由制动踏板、制动油管、真空助力泵、制动主泵和制动器等构成。传统汽车制动系统构成如图 6-1 所示。

二、电动真空助力系统

新能源汽车由于没有发动机，不能使用发动机进气歧管为真空助力泵提供真空源，为了解决这一问题，一些主机厂使用真空泵和真空罐提供真空源。新能源汽车的电动真空助力制动系统工作原理如图 6-2 所示。

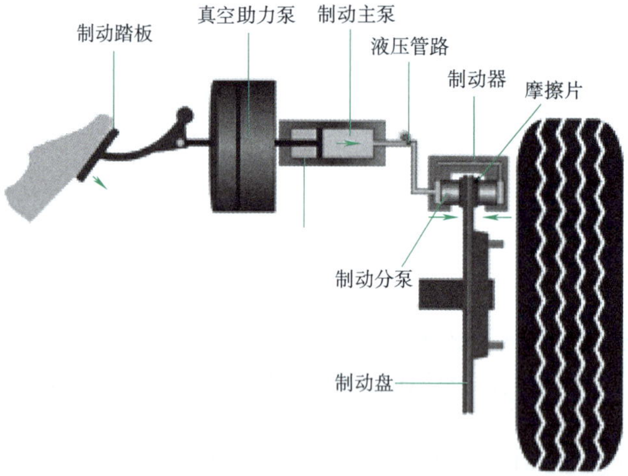

图 6-1 传统汽车制动系统构成

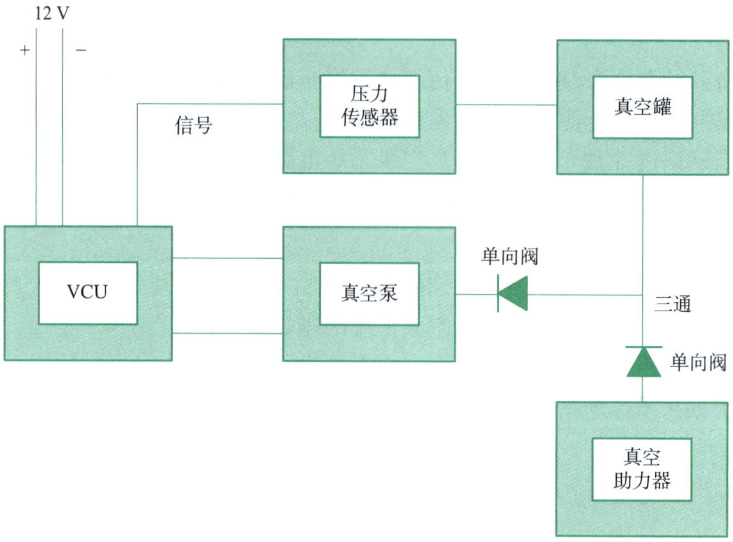

图 6-2 电动真空助力制动系统工作原理

使用电动真空助力系统，可直接将燃油汽车的进气歧管接口管路直接变换到真空泵上，利用真空泵与真空罐来保证真空环境，其原理与燃油车的制动系统完全一样。这为新能源汽车的设计和装配生产线升级都节约了时间和经济成本。但这套制动系统的缺陷是工作稳定性不足，真空泵的频繁启动容易导致其寿命较短。

三、智能化助力器的制动系统

如果在制动踏板和制动主缸之间设计一种助力装置来代替传统的真空助力器，那就可以不再依赖真空源，从而彻底消除制动系统对真空的依赖。目前博世公司推出了一套名为 iBooster 的智能化助力器，如图 6-3 所示。它是利用电控方式来辅助控制制动力。简单来说，就是将原真空助力制动系统中的真空助力器去掉，换成由电子控制单元和电动机驱动机构组成的智能助力器，驾驶员踩下制动踏板不再是传递力，而是传递一个电信号给智能助力器，助力器通过踏板位置传感器检测到踏板踩下行程位置的变化，控制器以此为依据结合实际车辆运行工况计算出需要的制动力，控制器控制电动机给出助力器所需的力矩到制动总泵，制动总泵驱动液压系统传递到 ABS（防抱死制动系统），ABS 再根据车辆状况把制动力分配到四个车轮。

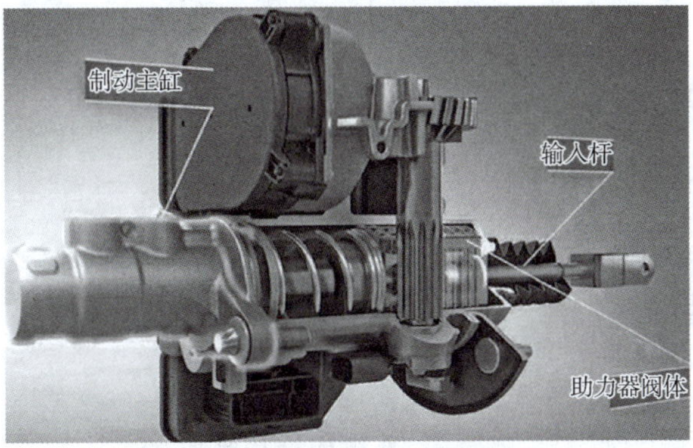

图 6-3 智能化助力器

四、电子机械制动系统

在电子机械制动系统（EMB）中，电源取代了传统的液压源，机电动作器取代了液压的作动设备。在 EMB 中，普通的制动系统的液压系统，如主缸、液压管路、真空增压设备等皆被相应的电子机械的系统取代，鼓形与盘式的制动器被电动机驱动的装置取代，制动力主要由电动机带动，制动力的大小受到电子控制器控制。

EMB 中的中央电子控制单元按照电子踏板的模块传感设备相关的速度信号与位移情况，同时综合车速等传感信息，向车轮制动的模块电动机发送信号并控制电流与转子转角，从而形成所需的制动力，从而实现制动目标。

EMB 具有以下几个优点：制动执行设备与制动踏板间取消了以往液压与机械连接，这会极大地降低制动器发挥作用的时间，从而更好地缩短了制动的距离；取消了常规的制动系统其中的真空增压设备，进而缩小了需要的空间，使得机罩以下的布置更为灵活；可以达到全部制动与稳定的性能，如 ABS、ESP 等。

目前 EMB 的可靠性还有待提高，需要配备冗余的电源和冗余的通信链路来提高制动系统的可靠性。

五、汽车制动系统的性能分析

一套制动系统性能的高低主要是通过制动系统的制动效率、恒定性和稳定性三个指标进行评估。

1. 制动效率

系统制动效率核心功能在于驾驶期间高效制动和停止车辆，并使车辆保持在制动状态。所以，车辆制动性能最核心的设计标准即缩减车辆制动所需要的距离以及时间，以达到制动性能安全标准，为行车安全提供更大保障。

2. 制动恒定性

制动恒定性是指车辆制动过程中保证汽车长期制动和连续维护的能力。因此，连续维护性能属于制动恒定性不可忽视的设计要求。

3. 制动稳定性

制动稳定性是保证制动时车辆不会出现打滑情况，这对驾驶汽车的安全性非常重要。因此，制动稳定性是必须确保的性能，并满足汽车制动系统设计中的标准，才能发挥应有的作用。

项目实操一

一、项目情景

1. 车辆信息

车型：＿北汽 EU5＿　　年款：＿2019＿

行驶里程：＿＿＿＿＿＿　　电量：＿＿＿＿＿＿

车辆 VIN 码：＿＿＿＿＿＿

车辆外观状况：＿＿＿＿＿＿　　车辆内饰状况：＿＿＿＿＿＿

2. 故障现象

车辆可高压上电，仪表显示“系统故障指示灯”；制动时，脚踏板“偏硬”，制动距离延长。

3. 设备及工具清单

车用万用表、新能源汽车故障诊断仪、与解码器配套的电脑、汽修专用工具套装。

二、小组划分

制动系统故障检修采用划分小组的形式开展，各小组完成记录表见表6-1。

表6-1　实训小组记录表

<table>
<tr><td>班级：</td><td>组名：</td><td>组长：</td><td>项目名称：</td></tr>
<tr><td colspan="4">组员：</td></tr>
<tr><td rowspan="2">成员任务职责</td><td colspan="3">组长负责本学习任务的小组组织、决策、安全管理等</td></tr>
<tr><td colspan="3">组员负责：
（1）安全监督以及完成组内其他学习任务；
（2）工具备料以及完成组内其他学习任务；
（3）技术资料准备以及完成组内其他学习任务；
（4）常规操作以及完成组内其他学习任务；
（5）文本记录以及完成组内其他学习任务</td></tr>
</table>

三、故障确认

1. 一般故障诊断流程

此次实操依据图3-6所示的故障诊断流程进行，完成发现故障、确认故障、分析故障、排除故障、结果检验等步骤，掌握故障诊断与排除的基本方法。

2. 车辆基本检查

根据车辆故障现象，制定基本检查项目并完成基本检查，主要检查内容为检查高压系统是否上电（见表6-2）、检查仪表是否存在故障信息提示（见表6-3）、检查真空助力系统辅助制动力（见表6-4）、检查真空助力器管路接头、真空度传感器连接线束（见表6-5）、检查真空泵、真空罐、控制器线束、管路连接（见表6-6）。

表6-2　检查高压系统是否上电

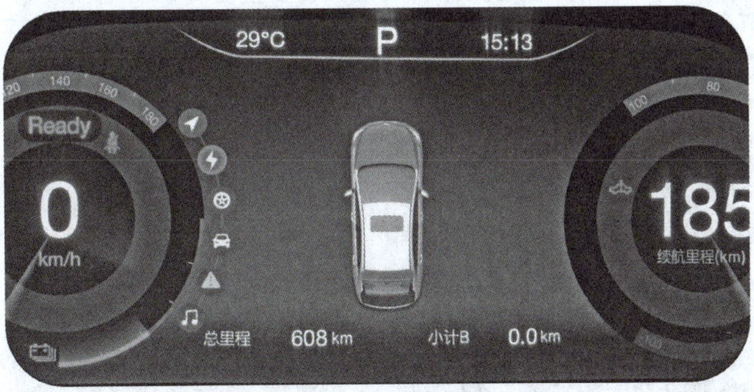

检查方法	点火开关至ON挡，踩下制动踏板
技术标准	“READY”指示灯亮起
检查结果	“READY”指示灯亮起，高压系统上电

表6-3　检查仪表是否存在故障信息提示

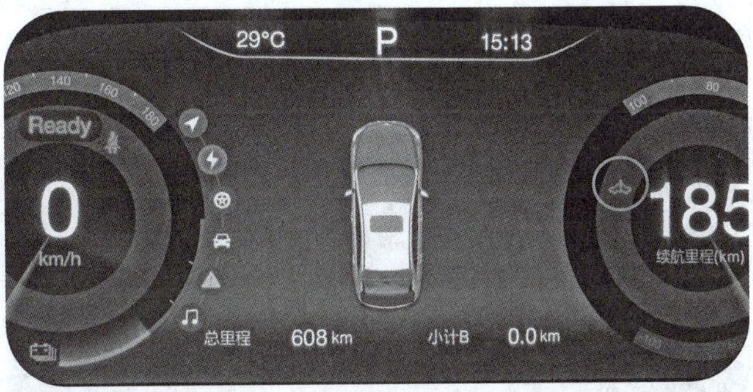

检查方法	点火开关至ON挡
技术标准	仪表无故障指示灯亮起，无故障信息提示
检查结果	系统故障指示灯亮起

表6-4　检查真空助力系统辅助制动力

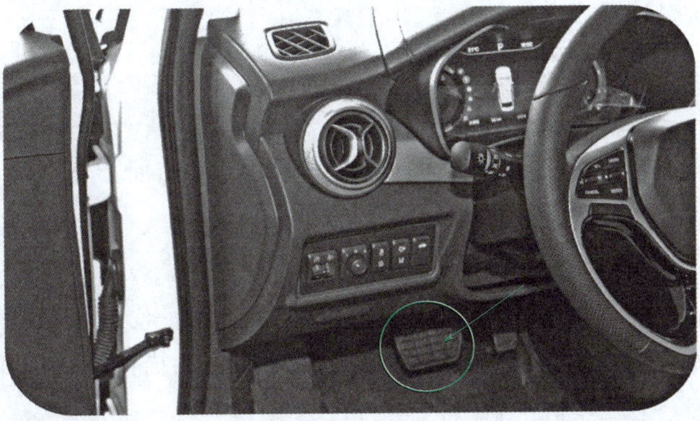

检查方法	点火开关至 ON 挡，踩下制动踏板（踩踏 3 ~5 次）
技术标准	真空制动系统辅助制动力正常
检查结果	检查不符合技术标准，踩踏感偏硬（无真空助力制动）

表 6-5 检查真空助力器管路接头、真空度传感器连接线束

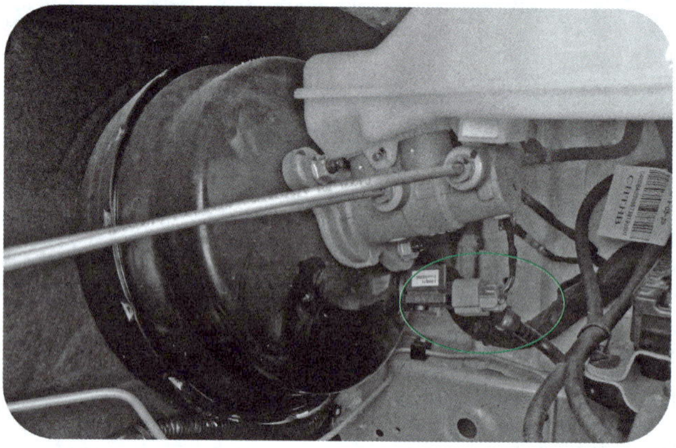

检查方法	目测
技术标准	助力器外观无破损；管路、传感器导线连接完好无脱落
检查结果	检查符合技术标准

表 6-6 检查真空泵-真空罐-控制器线束-管路连接

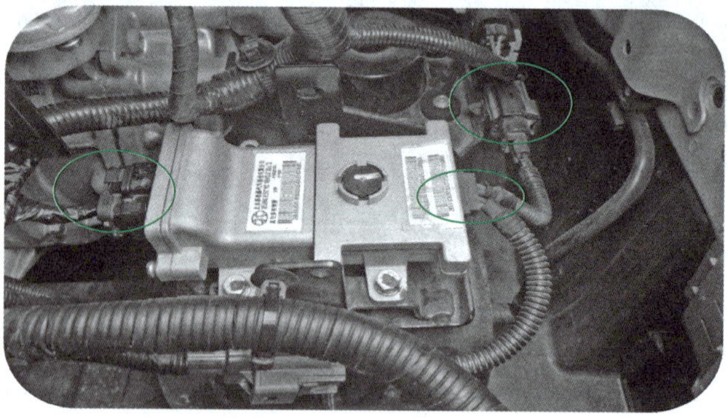

检查方法	目测
技术标准	外观完好，管路、插头、线束无破损脱落； 真空泵应在踩踏制动踏板 3 ~5 次时工作
检查结果	部件无机械损伤，真空泵未工作（异常）

经检查，可确认故障现象为：系统故障灯亮起，制动时，无真空助力，真空泵未工作。

3. 查询故障代码

连接诊断设备对整车系统进行扫描，查询故障代码，诊断仪故障代码如图 6-4 所示，诊断结果：真空泵控制器（VBP）页面显示故障信息描述为 MCU 与 VBP 通信丢失故障。

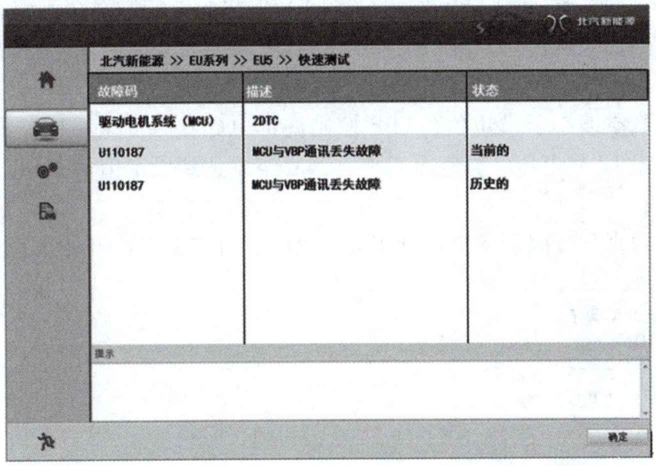

图 6-4　诊断仪故障代码

四、故障分析

根据当前的故障现象和解码器诊断结果推测故障原因，通过可能故障原因制订排故计划与操作流程。

1. 相关控制原理

查阅北汽 EU5 维修手册中 VBP 真空泵控制系统电路原理图，如图 6-5 所示。其中重要端子编号及定义有：T14-5 为 VBP 控制模块电源输入端子，T14-4 为 VBP 控制模块接地端子，P02-1 为真空泵电源输出端子。

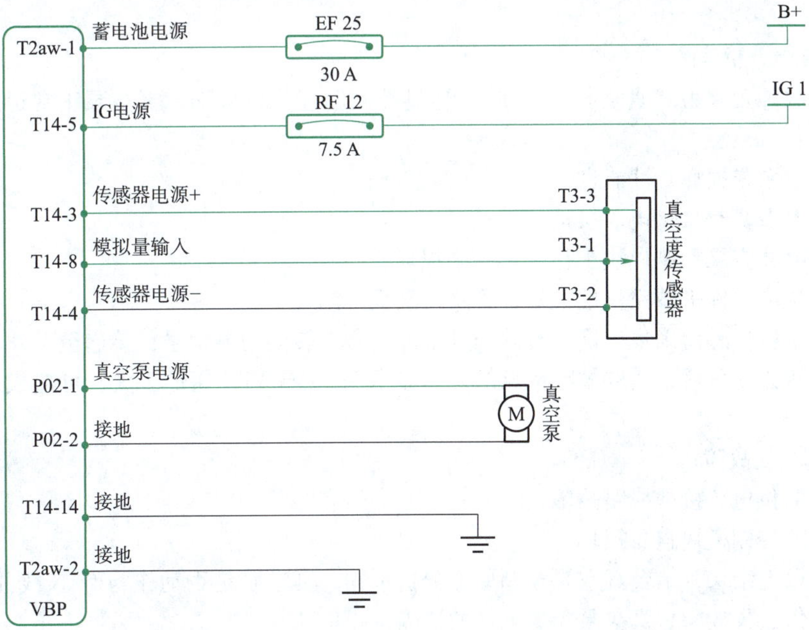

图 6-5　VBP 真空泵控制系统电路原理图

图 6-6 为 VBP 真空泵控制系统控制逻辑图，真空泵控制原理分析：

①点火开关至 ON 挡，IG1 继电器闭合，向 VBP 供电，控制系统工作；

②控制系统向真空度传感器提供工作必要条件（供电、接地），由传感器检测系统内真空度；

③当系统内真空度小于设定值，VBP 控制内部电路接通 T2aw-1 端子与 P02-1 端子，向电动真空泵输出 12 V 电压，真空泵工作，当真空度达到设定值后，VBP 切断输出电源，真空泵停止工作；

④当真空罐内真空度因制动消耗低于设定值时，真空泵再次开始工作，如此循环。

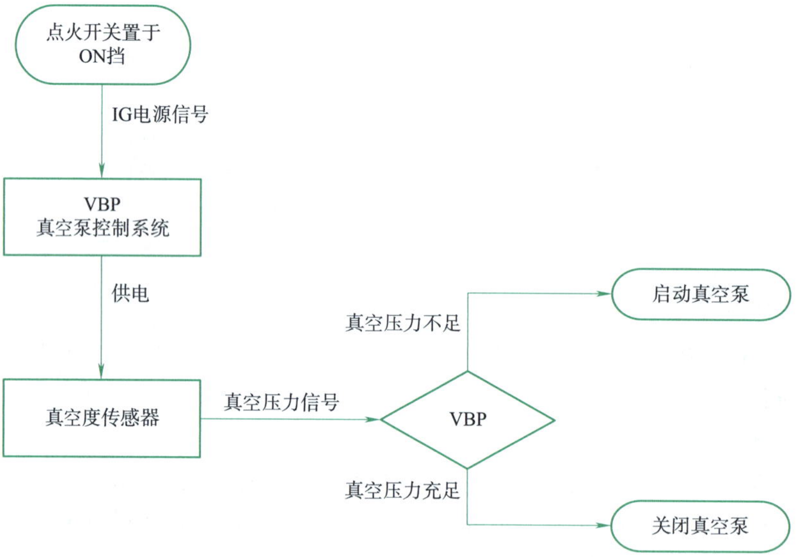

图 6-6 VBP 真空泵控制系统控制逻辑图

2. 故障分析详解

当前故障现象为“真空泵未工作”。通过控制原理分析可知，真空泵正常运转的必要条件如下：

①真空泵未损坏，性能良好；

②VBP 及真空泵供电、接地正常；

③VBP 真空泵控制模块工作正常，未损坏；

④系统内部件机械完整性良好，管路无破损、漏气等；

⑤真空度传感器采集正确、有效的真空度信号，转变为电信号，传递至 VBP。

当连接诊断仪后，读取故障信息结果，显示 MCU 与 VBP 通信丢失，可造成通信故障的原因有：

①CAN 线故障；

②VBP 供电、接地线路故障；

③VBP 控制模块自身损坏。

通过以上结果，结合真空泵控制原理分析可知，真空泵是否动作与 CAN 线并无关联，可造成通信丢失故障、真空泵无法工作的原因有：

①VBP 供电线路故障；

②VBP 接地线路故障；

③VBP 控制系统模块损坏。

五、故障排除

1. 排故思路

排故流程图如图6-7所示。优先检查RF12熔丝是否损坏，若熔丝损坏，更换熔丝；若熔丝未损坏，电压值异常，对熔丝盒内电路进行检测；若熔丝未损坏，电压值正常，对VBP供电、接地线路、自身是否损坏，进行重点检查。

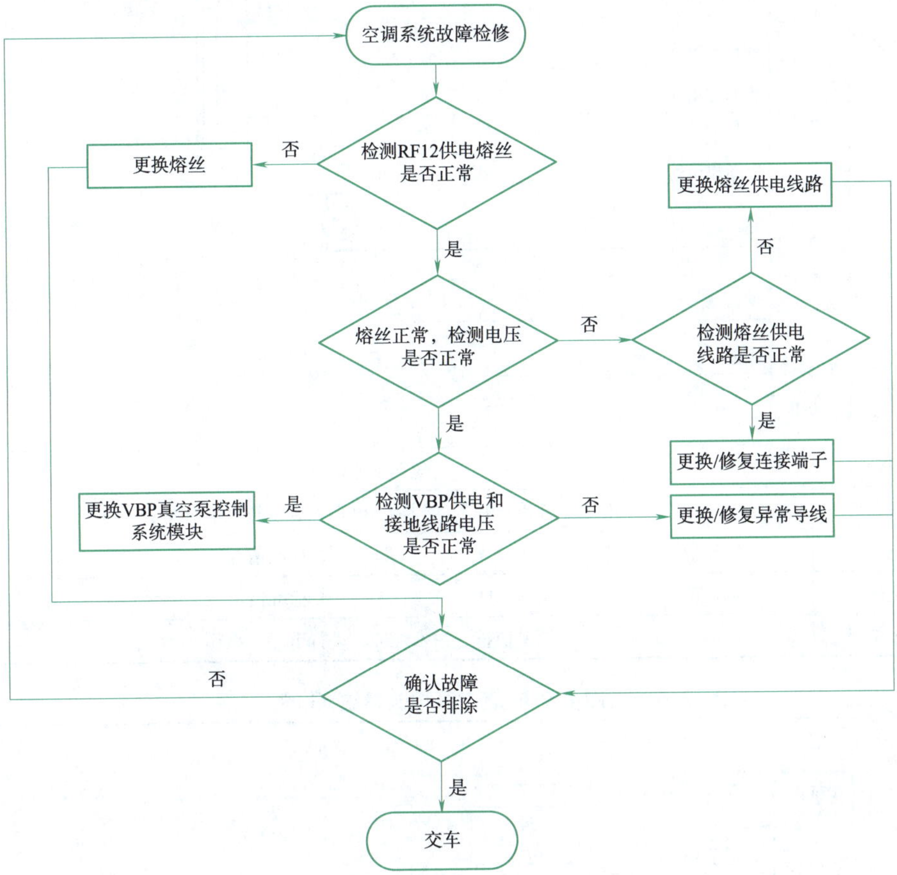

图6-7　排故流程图

2. 故障排查注意事项

①维修作业前，应对绝缘手套、护目镜等基本安全用具进行检查；

②禁止穿拖鞋进入维修区域，车辆检查时应正确穿戴符合安全要求的劳保用品；

③使用举升机时，确保车辆处于正确位置，且需要不少于两人对其进行检查；

④进入车辆底部时，必须佩戴绝缘安全帽；

⑤对车辆高压线路进行检查时，需先对车辆进行高压下电操作；

⑥故障排查结束后，遵守实训场地的5S管理，规范恢复车辆及工具；

⑦如出现触电，应立即切断电源进行抢救。

3. 线路排查

线路排查主要包含了测量RF12 VBP供电熔丝（见表6-7）、测量VBP真空泵控制系统IG输入电源（见表6-8）、测量RF12熔丝至VBP控制器供电输入端子间导线（见表6-9）等。

表 6-7　测量 RF12 VBP 供电熔丝

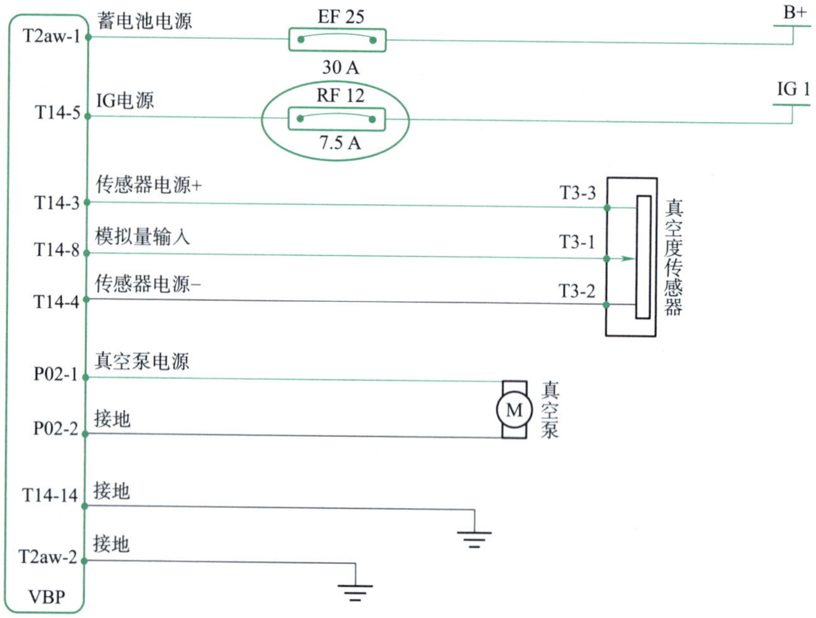

测量位置	熔丝两端测量点			
测量条件	电压：启动开关至 ON 挡；电阻：启动开关至 OFF 挡			
电压	测量值	12 V	标准值	12 V
电阻	测量值	0 Ω	标准值	0 Ω
测量结果	测量值符合技术标准，进行下一步操作			

表 6-8　测量 VBP 真空泵控制系统 IG 输入电源

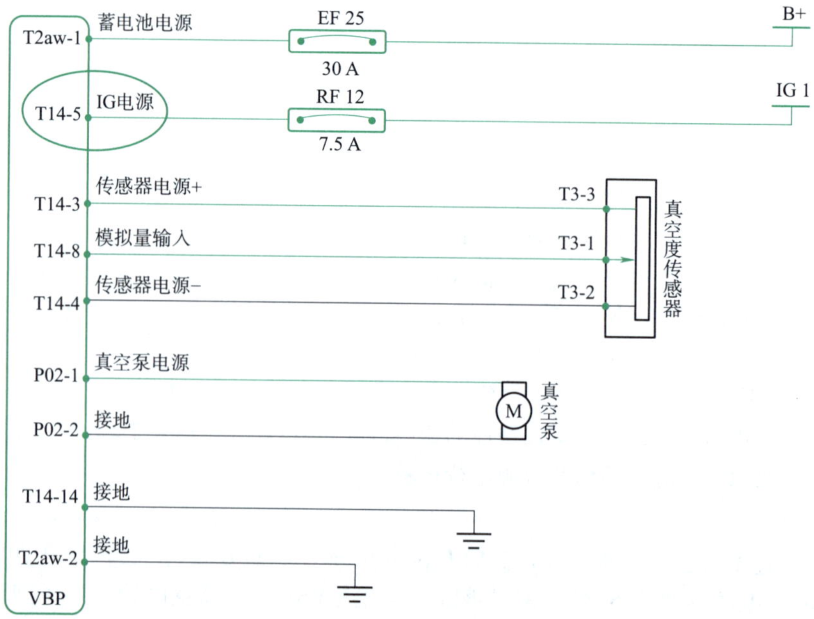

测量位置	T14-5 端子			
测量条件	车辆启动开关至 ON 挡			
测量数据	测量值	0 V	标准值	12 V
测量结果	未测得电压值，说明供电线路异常，应按流程查找故障原因			
端子是否损坏	否			

表 6-9　测量 RF12 熔丝至 VBP 控制器供电输入端子间导线

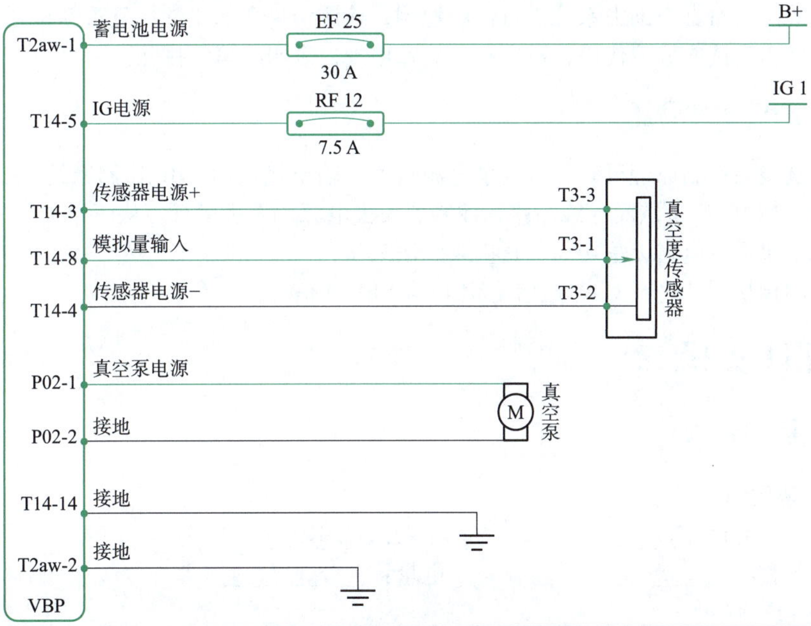

测量位置	T14-5 端子至 RF12 熔丝测量点			
测量条件	车辆启动开关至 OFF 挡			
测量数据	测量值	∞	标准值	0 Ω
测量结果	T14-5 端子至 RF12 熔丝测量点间导线断路			
针脚是否损坏	否			

4. 诊断结果

T14-5 端子与 RF12 熔丝测量点间导线断路。

5. 维修建议

更换/修复 T14-5 端子与 RF12 熔丝测量点间导线，确保维修后符合标准值 0 Ω。

六、性能检查

对完成修复后的真空泵控制系统进行性能检查，检查内容见表 6-10，确保故障已排除。

表 6-10　真空泵控制系统故障排除后性能检查表

序号	检查项目	检查方法/条件	技术要求	检查结果（√/×）
1	仪表	点火开关至 ON 挡	无故障信息提示或异常	√

续表

序号	检查项目	检查方法/条件	技术要求	检查结果（√/×）
2	真空泵	上电后深踩制动踏板 3～5 次	正常启动，并在启动后 1 min 内自动停止	√
3	制动踏板	上电后深踩制动踏板 3～5 次	真空辅助制动力正常	√

修复故障后对真空助力系统进行性能检测，检测结果全部正常；且重新接通诊断仪清除故障，并再次读取故障代码，没有新的故障出现，表明故障已排除。

七、故障机理分析

根据真空泵控制原理可知，真空泵电源输入、输出接通由 VBP 控制系统完成，T14-5 端子与 RF12 保险测量点间导线断路，控制器失去电源，无法运行，从而导致：

①真空泵电源电路无法接通，真空泵无法工作；

②控制模块无法进行 CAN 通信，MCU 与 VBP 通信丢失。

项目实操二

一、项目情景

1. 车辆信息

车型：北汽 EX3　　　　年款：2019

行驶里程：________　　　　电量：________

车辆 VIN 码：________

车辆外观状况：________　　　　车辆内饰状况：________

2. 故障现象

车辆可高压上电，仪表显示“系统故障指示灯”与“制动系统故障指示灯”；真空泵无法停止工作，可听到持续不断“嗡嗡”响声。

3. 设备及工具清单

车用万用表、新能源汽车故障诊断仪、与解码器配套的电脑、汽修专用工具套装。

二、小组划分

制动系统故障检修采用划分小组的形式开展，各小组完成记录表见表 6-11。

表 6-11　实训小组记录表

<table>
<tr><td>班级：</td><td>组名：</td><td>组长：</td><td>项目名称：</td></tr>
<tr><td colspan="4">组员：</td></tr>
<tr><td rowspan="2">成员任务职责</td><td colspan="3">组长负责本学习任务的小组组织、决策、安全管理等</td></tr>
<tr><td colspan="3">组员负责：
（1）安全监督以及完成组内其他学习任务；
（2）工具备料以及完成组内其他学习任务；
（3）技术资料准备以及完成组内其他学习任务；
（4）常规操作以及完成组内其他学习任务；
（5）文本记录以及完成组内其他学习任务</td></tr>
</table>

三、故障确认

1. 一般故障诊断流程

此次实操依据图 3-6 所示的故障诊断流程进行，完成发现故障、确认故障、分析故障、排除故障、结果检验等步骤，掌握故障诊断与排除的基本方法。

2. 车辆基本检查

根据车辆故障现象，确定基本检查项目并完成基本检查，主要检查内容为检查高压系统是否上电、响声是否存在（见表 6-12）、检查仪表是否存在故障信息提示（见表 6-13）、检查真空助力系统辅助制动力（见表 6-14）、检查真空助力器、管路、接头、真空度传感器连接线束（见表 6-15）、检查真空泵、真空罐、控制器线束、管路连接（见表 6-16）等。

表 6-12　检查高压系统是否上电、响声是否存在

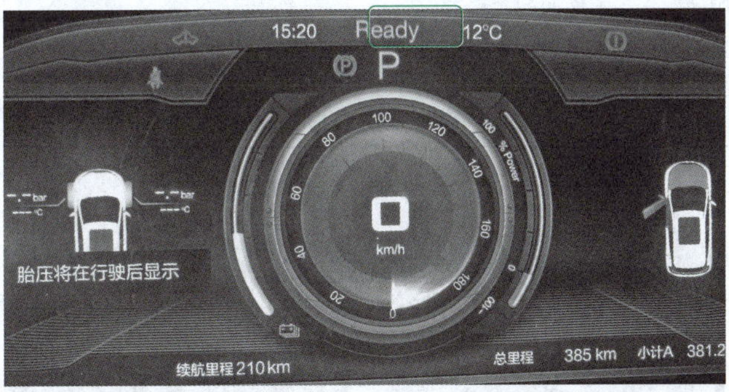

检查方法	点火开关至 ON 挡，踩下制动踏板
技术标准	“READY” 指示灯亮起；无异常声响
检查结果	“READY” 指示灯亮起，高压系统上电；机舱内传出 “嗡嗡” 响声

表 6-13　检查仪表是否存在故障信息提示

检查方法	点火开关至 ON 挡，高压系统上电
技术标准	仪表无故障指示灯亮起，无故障信息提示
检查结果	系统故障指示灯、制动系统故障指示灯亮起

表 6-14　检查真空助力系统辅助制动力

检查方法	点火开关至 ON 挡，踩下制动踏板（踩踏 3 ~ 5 次）
技术标准	真空制动系统、辅助制动力正常
检查结果	检查符合技术标准

表 6-15　检查真空助力器、管路、接头、真空度传感器连接线束

检查方法	点火开关至 ON 挡；目测
技术标准	助力器外观无破损；管路、传感器导线连接完好无脱落、无漏气声响
检查结果	检查符合技术标准

表 6-16　检查真空泵、真空罐、控制器线束、管路连接

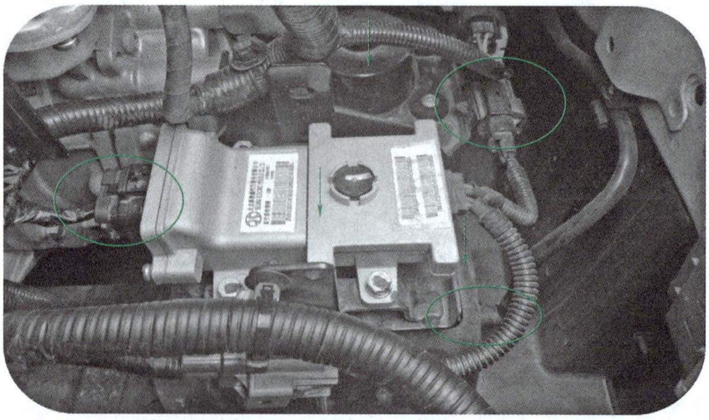

检查方法	点火开关至 ON 挡；目测
技术标准	外观完好，管路、插头、线束无破损脱落；真空泵在 1 min 内停止工作
检查结果	真空泵未停止工作；部件无机械损伤

经检查，可确认故障现象为：系统故障灯、制动系统故障灯亮起，真空泵不会停止工作，发出持续不断的“嗡嗡”响声，车辆其他功能正常。

3. 查询故障代码

连接诊断设备对整车系统进行扫描，查询故障代码，诊断仪故障代码如图 6-8 所示，故障代码为 C004701，故障信息为制动助力系统真空度传感器故障。真空泵控制器（VBP）页面显示故障信息描述为 MCU 与 VBP 通信丢失故障。

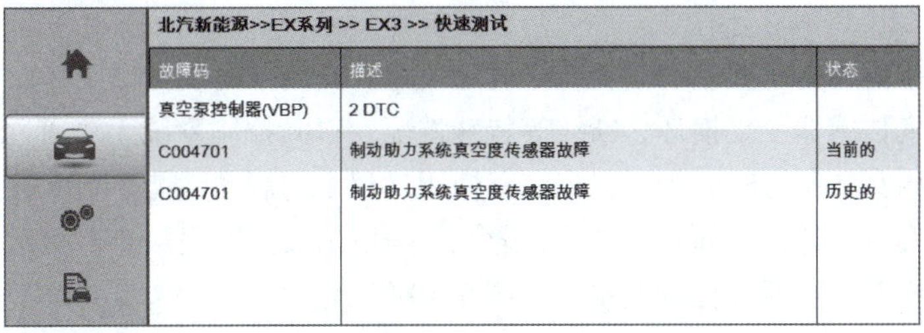

图 6-8　诊断仪故障代码

四、故障分析

根据当前的故障现象和解码器诊断结果推测故障原因，通过可能故障原因制订排故计划与操作流程。

1. 相关控制原理

查阅北汽 EX3 维修手册中 VBP 真空泵控制系统电路原理图，如图 6-9 所示。其中重要端子编号及定义有：T2q-1 为真空泵电源供电输入端子，T14j-8 为真空压力传感器模拟量输入端子，T14j-3 为真空压力传感器供电输出端子。

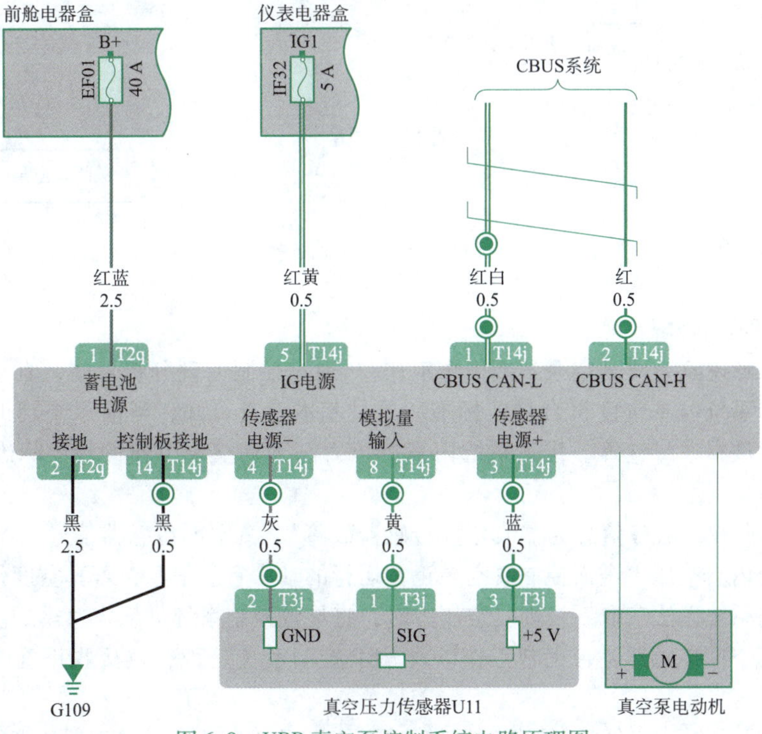

图 6-9　VBP 真空泵控制系统电路原理图

真空泵控制原理分析：

①点火开关至 ON 挡，IG1 继电器闭合，向 VBP 供电，控制系统工作；

②控制系统向真空度传感器提供工作必要条件（供电、接地），由传感器检测系统内真空度；

③当系统内真空度小于设定值，VBP 控制内部电路接通 T2q-1 端子与 T2q-2 端子，向电动真空泵输出 12 V 电压，真空泵工作，当真空度达到设定值后，VBP 切断电源，真空泵停止工作；

④当真空罐内真空度因制动消耗低于设定值时，真空泵再次开始工作，如此循环；

⑤若真空度传感器发生损坏、断线等特殊情况，VBP 控制系统无法通过真空度传感器准确获取系统内真空压力时，为了保证汽车使用过程中的制动性能，VBP 控制系统将进入应急模式，为真空泵持续不间断供电，并通过仪表发出故障警报信息，提示驾驶人员尽快维修。VBP 真空泵控制系统控制逻辑图如图 6-10 所示。

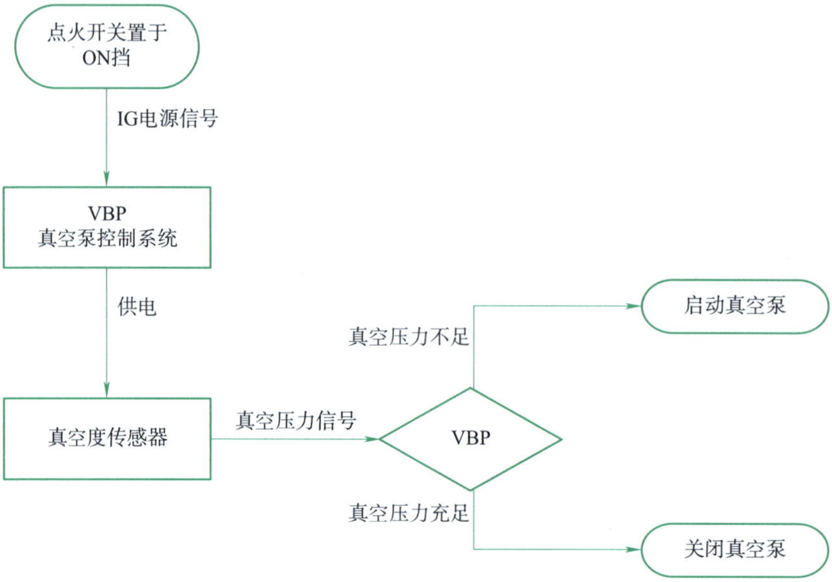

图 6-10　VBP 真空泵控制系统控制逻辑图

2. 故障分析详解

当前故障现象为“真空泵不能停止工作”。通过控制原理分析可知，真空泵工作的前提条件为系统内真空度符合规定标准。通过基本检查可知，当前系统辅助制动力正常，部件无破损、漏气等，代表系统内真空压力高于真空泵工作的规定标准（真空泵不应启动）。

连接诊断仪，故障信息为“真空度传感器故障”，真空度传感器信号是 VBP 控制模块获取系统内真空压力进而控制真空泵正常运行的唯一有效信息，若真空度传感器发生故障，控制系统无法获取系统内真空压力时，将导致控制系统进入应急模式。所以，应重点检查真空度传感器是否正常工作以及 VBP 控制系统是否有效接收正确的真空压力信号。

通过以上分析，结合真空泵控制原理分析可知，可造成真空度传感器故障的原因有：

①真空度传感器损坏；

②真空度传感器线路故障；

③VBP 控制系统模块损坏。

五、故障排除

1. 排故思路

排故流程图如图 6-11 所示，优先检测真空度传感器 T3j-1 端子（信号输出）电压：若电压值正常，可排除传感器供电、接地、自身损坏故障，重点检查信号线是否断路、VBP 控制系统自身是否损坏；若电压值异常，应重点检查传感器供电、接地线路故障与传感器自身是否损坏。

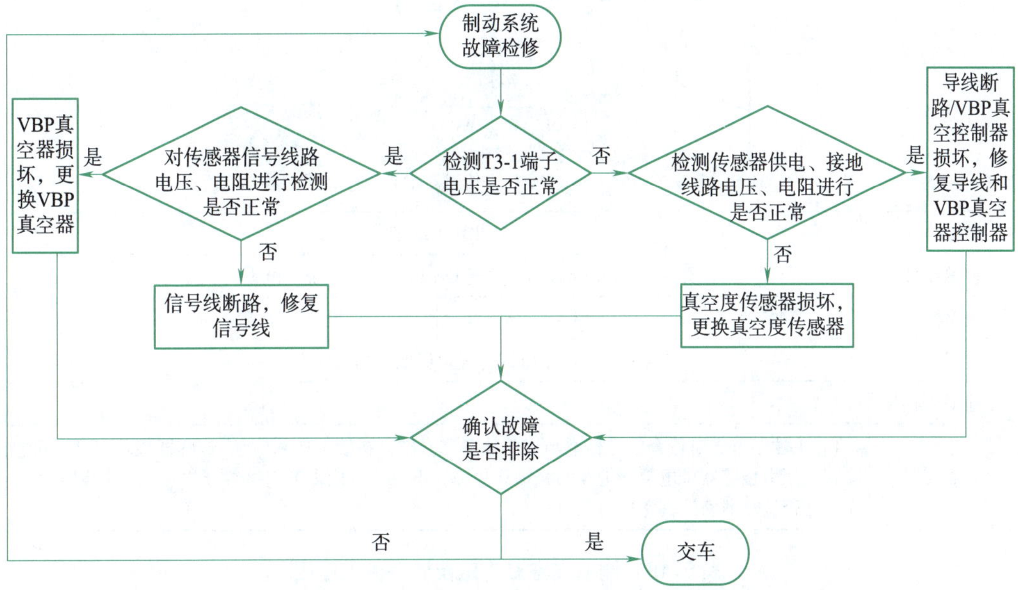

图 6-11　排故流程图

2. 故障排查注意事项

①维修作业前，应对绝缘手套、护目镜等基本安全用具进行检查；

②禁止穿拖鞋进入维修区域，车辆检查时应正确穿戴符合安全要求的劳保用品；

③使用举升机时，确保车辆处于正确位置，且需要不少于两人对其进行检查；

④进入车辆底部时，必须佩戴绝缘安全帽；

⑤对车辆高压线路进行检查时，需先对车辆进行高压下电操作；

⑥故障排查结束后，遵守实训场地的 5S 管理，规范恢复车辆及工具；

⑦如出现触电，应立即切断电源进行抢救。

3. 线路排查

线路排查主要包含了测量真空度传感器信号输出电压（见表 6-17）、测量真空度传感器信号输入电压（见表 6-18）、测量真空压力传感器信号线阻值（见表 6-19）等。

表 6-17　测量真空度传感器信号输出电压

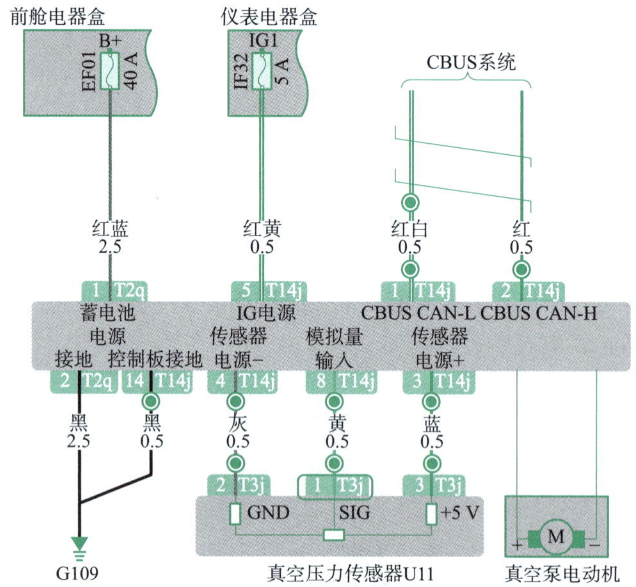

测量位置	T3j-1 端子			
测量条件	车辆启动开关至 ON 挡，高压系统上电			
测量数据	测量值	3.3～4.2 V	标准值	3.3～4.2 V
测量结果	电压值符合规定标准与当前状态			
端子是否损坏	否			
检查说明	T3j-1 端子电压值符合规定标准与当前状态（真空泵持续工作），代表传感器工作正常，可排除真空压力传感器供电、接地与自身损坏故障，下一步可检查 T14j-8 端子电压，判断 VBP 控制模块是否接收准确的真空压力信号			

表 6-18　测量真空度传感器信号输入电压

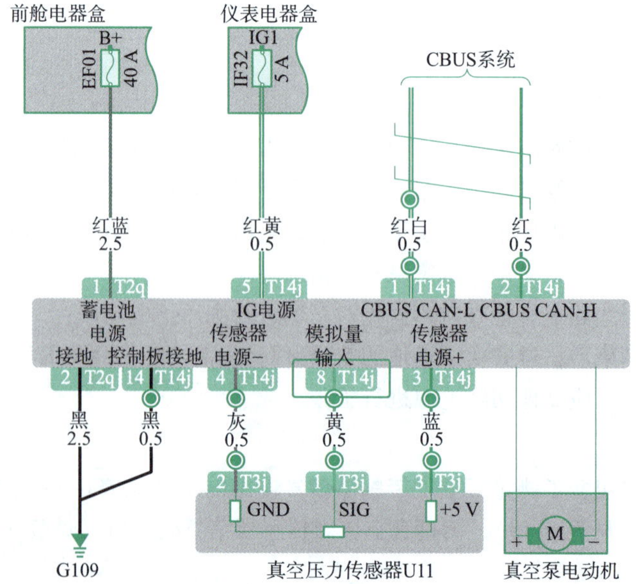

测量位置	T14j-8 端子			
测量条件	车辆启动开关至 ON 挡，高压系统上电			
测量数据	测量值	0 V	标准值	3.3～4.2
测量结果	测量结果不符合技术标准			
端子是否损坏	否			
检查说明	T14j-8 端子未测得电压值，说明 VBP 控制模块未接收到真空压力传感器传输的信号电压，下一步可测量真空压力传感器信号线阻值，判断信号线是否断路			

表 6-19 测量真空压力传感器信号线阻值

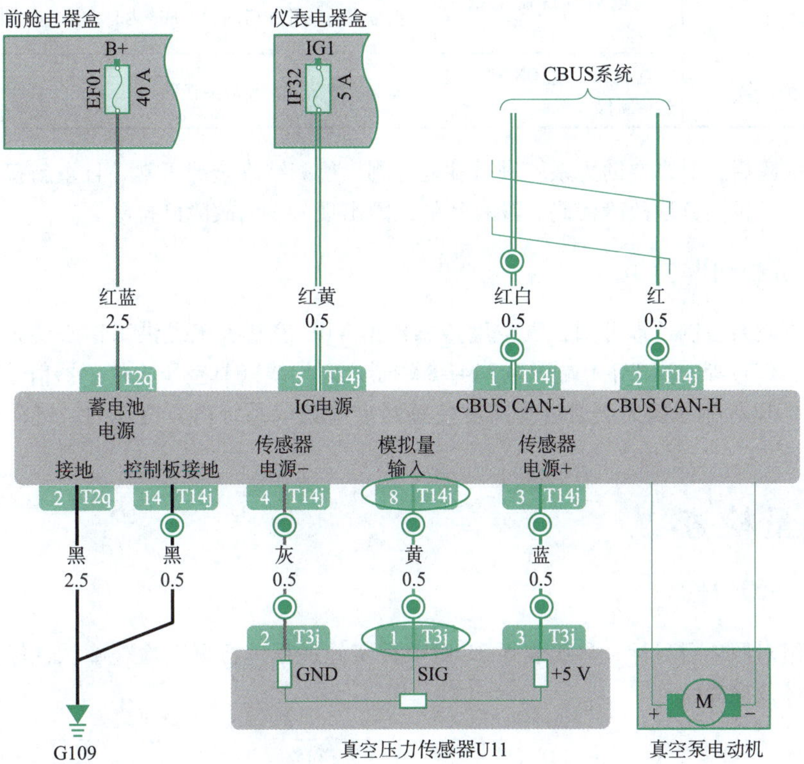

测量位置	T3j-1 端子至 T14j-8 端子			
测量条件	车辆启动开关至 OFF 挡，拔下连接器测量			
测量数据	测量值	∞	标准值	0 Ω
测量结果	测量值不符合技术标准			

4. 诊断结果

T3j-1 端子至 T14j-8 端子之间导线（真空压力传感器信号线）断路。

5. 维修建议

更换/修复 T3j-1 端子至 T14j-8 端子之间导线（真空压力传感器信号线），确保维修后符合标准值 0 Ω。

六、性能检查

对完成修复后的真空泵控制系统进行性能检查，检查内容见表6-20，确保故障已排除。

表6-20 车辆制动系统排故后性能检查表

序号	检查项目	检查条件	技术要求	检查结果（√/×）
1	仪表是否存在故障信息提示	踩下制动踏板，点火开关至ON挡	高压系统上电，仪表无故障指示灯与故障信息提示	√
2	真空泵	上电后深踩制动踏板3～5次	正常启动，并在启动后1 min内自动停止	√
3	故障代码	点火开关至ON挡，接连诊断仪	读取故障信息，无故障代码	√

修复故障后，对真空助力系统进行性能检测，检测结果全部正常；且重新接通诊断仪清除故障，并再次读取故障代码，没有新的故障出现，表明故障已排除。

七、故障机理分析

根据真空泵控制原理可知，真空度传感器由VBP控制系统提供工作必要条件，如供电、接地、信号等。当T3j-1端子至T14j-8端子之间导线（真空压力传感器信号线）断路时，导致VBP控制系统无法通过真空度传感器准确获取系统内真空压力，进而引发故障信息。

质量检查

一、小组自检

各小组对照项目目标，参照表6-21对项目实施过程进行再次检查确认，保证故障诊断的完整性及准确性。

表6-21 小组自检表

序号	检查项目	检查结果
1	作业前规范进行场地准备工作	□是 □否
2	作业前规范对劳保用品进行安全检查	□是 □否
3	正确完成车辆下电操作	□是 □否
4	正确完成对制动系统的故障检测与维修	□是 □否
5	遵守5S管理，规范恢复车辆及工具	□是 □否
6	无任何事故发生	□是 □否

二、教师检查

教师根据各小组项目完成情况，参照表6-22，对故障诊断结果进行质量检查，并对各小组项目实施过程中所存在的问题提出改进措施与建议。

表 6-22　教师检查表

班级：		组名：	成绩：
项目名称：			
评价项目		分数	教师评价
职业素养（10 分）	团队协作能力	2	
	计划组织能力	2	
	诊断分析能力	2	
	质量意识	4	
职业技能（76 分）	发现并确认故障现象	8	
	分析故障原因	20	
	制定故障排除方案	20	
	实施故障诊断流程	20	
	检验或提出维护建议	8	
安全考评（14 分）	落实“5S”	7	
	安全操作	7	
存在问题及改进措施			
总成绩			

讨论提升

各小组以北汽 EU5 实训车辆为例，制定新能源汽车制动系统故障诊断流程。

评价反馈

小组成员完成制动系统故障诊断项目后，每位成员对课程内容及个人实操表现进行反思总结。

①你认为本项目的重难点是什么？

____

____

____

____

②项目实施过程中是否遇到问题？你是怎么解决的？

____

____

____

____

③请对你在项目实施过程中的表现进行总结和反思。

____

拓展阅读

我国能源消费与保供压力

我国是能源消费大国。2023 年，全国能源消费总量 57.2 亿吨标准煤，约占世界的 1/4。“十四五”及中长期，我国经济社会持续向好发展，带来能源需求刚性增长，能源保供压力和风险挑战持续存在，主要体现在两个方面：

一方面，油气资源短板仍然突出。近年来，随着油气消费较快增长，对外依存度不断攀升，2023 年我国原油进口高达 5.639 9 亿吨，天然气进口 1 656 亿立方米。未来一段时期，油气供应依赖进口的局面难以根本改变。另一方面，区域性、时段性能源供需平衡难度加大。比如，2024 年迎峰度夏期间，全国最高电力负荷高达 14.51 亿千瓦，较上年峰值增加超 1 亿千瓦。

为做好能源保供工作，需要在供给侧和需求侧两个方面下功夫。供给侧方面，要大力发展可再生能源、优化能源结构。需求侧方面，要进一步强化节能意识，同时，要运用新技术提升能源消费企业和设备的能效。

项目七 空调系统故障检修

项目引入

新能源汽车空调系统的主要作用是调节车内温度和湿度，使车内空气清新、温度适宜，保证车内乘客的乘坐舒适性，降低驾驶员的疲劳强度，保证行车安全。它可以在炎热的夏季为车内提供凉爽的空气，并在寒冷的冬季提供暖和的空气。此外，车载空调还可以过滤空气中的灰尘、花粉和污染物，提高车内空气质量，保护乘客健康。通过本项目的学习，掌握新能源汽车空调系统的构成与基本原理，以及空调系统故障检修方法。

项目目标

1. 知识目标

（1）了解新能源汽车空调系统与传统燃油汽车的区别；

（2）了解并掌握新能源汽车空调系统的组成；

（3）能准确识读并独立解析新能源汽车空调系统电路图；

（4）能叙述 EU5/EX3 空调系统的控制原理和逻辑。

2. 技能目标

（1）能够独立排查检测出新能源汽车空调系统故障；

（2）能根据故障原因制定新能源汽车空调系统的排故方案；

（3）能正确使用测量器具对新能源汽车空调系统进行故障诊断；

（4）能根据故障诊断结果提出维修建议。

3. 素养目标

培养工匠精神。

知识链接

一、新能源汽车空调系统的组成

新能源汽车空调系统的主要作用包括以下几方面：

1. 温度调节

空调系统可以根据驾驶员和乘客的需求，调节车内的温度，提供舒适的驾乘体验。

2. 湿度调节

空调系统能够控制车内的湿度，保持合适的湿度水平，提高乘坐舒适度。

3. 空气净化

空调系统可以通过过滤器和其他空气处理技术，过滤和清洁车内空气，减少灰尘、污染物和异味，提供更清新的车内环境。

4. 空气流通

空调系统可以调节车内的空气流通，保持空气循环和新鲜空气的供应，提供良好的通风效果。

以北汽 EX3 的空调系统为例，其主要由冷凝器、空调压缩机、蒸发器总成、膨胀阀、储液干燥器等组成，如图 7-1 所示。

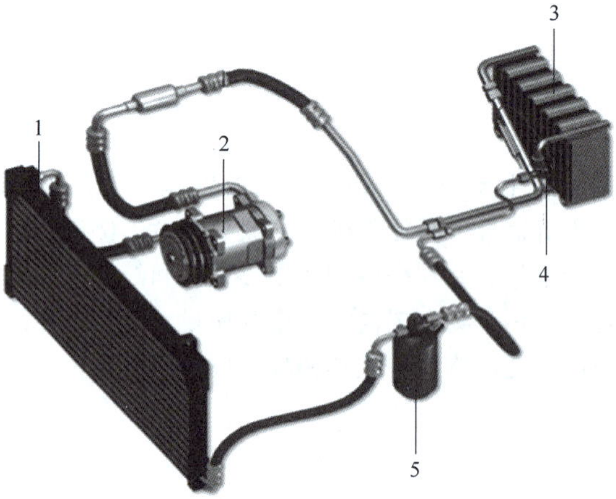

1—冷凝器；2—空调压缩机；3—蒸发器总成；4—膨胀阀；5—储液干燥器。

图 7-1 北汽 EX3 空调系统组成

各部件的作用如下：

①冷凝器：对压缩机排出的高温、高压制冷剂蒸气进行散热降温，使其凝结为液态高压制冷剂；

②空调压缩机：压缩机是空调系统的核心部件，其吸入低温、低压的制冷剂气体，经过活塞压缩后排除高温高压的制冷剂气体，为制冷循环提供动力；

③蒸发器总成：将低压制冷剂蒸发，与外界空气进行热交换，吸收车内空气热量，达到降温的效果；

④膨胀阀：膨胀阀具有节流和控制冷凝剂流量的作用；

⑤储液干燥器：主要用于暂时存储制冷剂，使制冷剂的流量与制冷负荷相适应，同时具有去除制冷剂中的水分的作用。

此外，汽车空调系统要实现车内调节温度、通风、净化空气等综合功能，通常还配有用于空调系统运算参数控设定与调节控制的控制器；用于传输空气的风扇与风道系统；用于过滤和清洁外界空气，阻止灰尘、颗粒物和污染物进入车内的过滤器等系统。

二、空调系统的工作过程

空调系统利用空气的热传递效应将空气中的热量向低温处传播；当蒸发器处于低温时，会吸收外部热量，以制冷剂作为传导介质被压缩机抽走，制冷剂经压缩机压缩后温度上升，此时制冷剂温度比外部环境温度高出许多，高温制冷剂流进冷凝器内，通过电子风扇向外界排放热量，降低温度，然后经膨胀节流作用生成低温制冷剂流入蒸发器，进行工作循环不断地抽取车厢内的热量，从而达到降温效果。

北汽 EX3 车载空调系统空调工作原理图如图 7-2 所示，制冷工作过程如下：

(1) 空调系统制冷时，压缩机吸入从蒸发器出来的低温低压气态制冷剂，经压缩后，制冷剂温度和压力升高，被送入冷凝器。在冷凝器内，高温高压的气态制冷剂经冷凝器散热，随后液化变成高温高压的液体制冷剂。

（2）液体制冷剂流入贮液干燥器，它存储和过滤液体制冷剂。

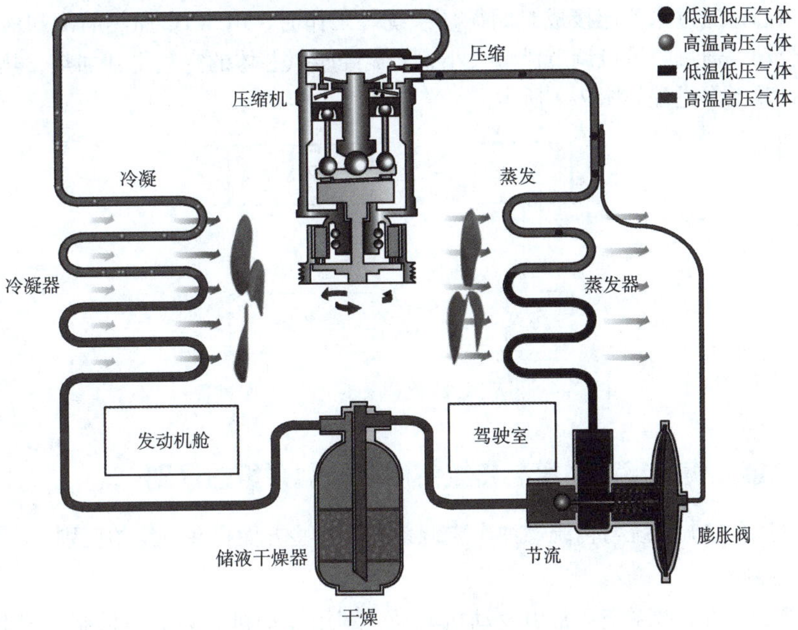

图 7-2　北汽 EX3 空调工作原理图

（3）经过过滤后的高温高压的液态制冷剂流经膨胀阀，由膨胀阀将液体制冷剂转变成低温低压气/液混合物，流入蒸发器内。

（4）在蒸发器内，鼓风机将车内空气抽入蒸发器表面，空气经蒸发器散热片与低温低压的气雾态制冷剂进行热交换。制冷剂吸收车内的空气热量，将低温低压的气雾态制冷剂蒸发成低温低压的全气态制冷剂，再经管道送到压缩机低压端，进行下一次循环。

（5）经热交换释放出的冷空气由鼓风机送入车厢，降低车厢温度。

新能源汽车的制冷过程与传统燃油车相类似，但是其制热过程存在较大区别。新能源汽车多采用热泵系统或者 PTC（正温度系数加热器）系统进行制热。

新能源汽车热泵系统可以将外界热量转移到车内，从而实现车内温度的调节。与传统的汽车加热方式相比，热泵系统具有更高的能量利用效率和更低的能耗，可以大大减少车辆的能源消耗和对环境的污染。热泵系统工作原理如图 7-3 所示，蒸发器在制热模式下，制冷剂从液态变成气态，吸收外界热量。吸收热量后的制冷剂进入冷凝器中，高温高压的气体通过散热器散发热量，进而加热车内空气。此时，制冷剂变成高压液态，通过换向阀降低压力，使其变成低压液态，回到蒸发器中重新循环。

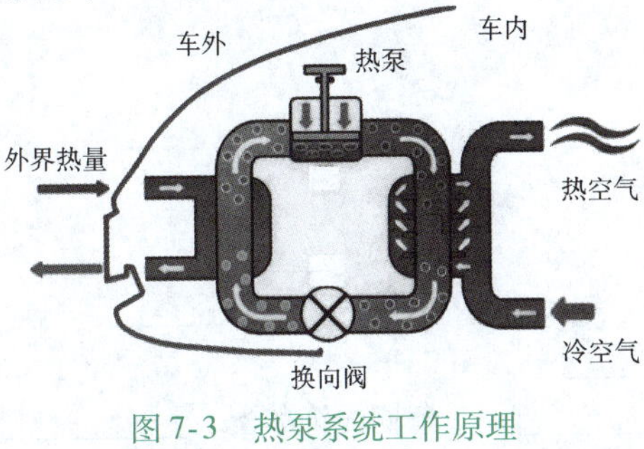

图 7-3　热泵系统工作原理

PTC 系统根据加热空气或者加热水的不同分成了两种类型。两种类型目前基本上各占一半的 PTC 应用市场。蔚来汽车、理想汽车多采用风式 PTC 加热系统；北汽 EX3 采用的是水式 PTC 加热系统，称为 WTC 水暖加热系统。该系统由水暖电加热器（WTC）、水泵、水壶、暖风芯体通过水管连接成封闭循环系统。工作时，由 WTC 加热的冷却液在暖风芯体内循环流动，通过鼓风机调节风量大小，使流经暖风芯体的空气得到加热，热空气通过风道吹出，其工作过程如图 7-4 所示。

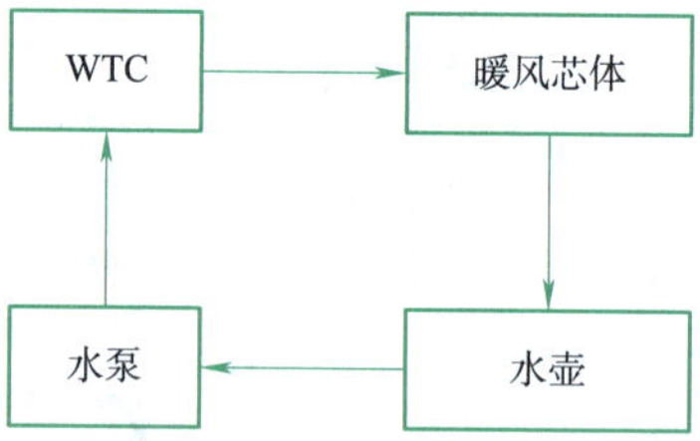

图 7-4　北汽 EX3 水暖加热系统工作过程

三、新能源汽车空调系统与传统燃油车空调系统的区别

新能源汽车空调系统与传统燃油车空调系统在一些方面存在一定的区别：

1. 能源来源

传统燃油车的空调系统通常由发动机驱动，利用发动机的热能提供制冷或制热效果。而新能源汽车空调系统通常由电池供电，利用电能提供制冷或制热效果。

2. 能量管理

新能源汽车空调系统需要考虑能源的管理和消耗，以确保对车辆续航里程的影响最小化。传统燃油车的空调系统则较少受到能源管理的限制。

3. 控制策略

新能源汽车空调系统的控制策略更注重能效和能量管理，通过智能控制和优化算法，使空调系统的能耗最小化。传统燃油车的空调系统通常更注重驾乘舒适度，能耗较少进行优化。

4. 启动方式

新能源汽车空调系统可以在车辆熄火的情况下使用，利用电池供电。传统燃油车的空调系统通常需要发动机运行才能正常工作。

这些区别主要是由新能源汽车的能源特性和系统设计所决定的。新能源汽车空调系统在能源管理和环境友好性方面具有优势，但也需要更加精细的控制和能耗管理策略。

项目实操一

一、项目情景

1. 车辆信息

车型：北汽 EU5　　年款：2019

行驶里程：________　　电量：________

车辆 VIN 码：________

车辆外观状况：________　　车辆内饰状况：________

2. 故障现象

空调系统无法使用，车辆其他功能正常；车辆可正常行驶。

3. 设备及工具清单

车用万用表、新能源汽车故障诊断仪、与解码器配套的电脑、汽修专用工具套装。

二、小组划分

空调系统故障检修采用划分小组的形式开展，各小组完成记录表见表 7-1。

表 7-1　实训小组记录表

班级：	组名：	组长：	项目名称：
组员：			
成员任务职责	组长负责本学习任务的小组组织、决策、安全管理等		
	组员负责： （1）安全监督以及完成组内其他学习任务； （2）工具备料以及完成组内其他学习任务； （3）技术资料准备以及完成组内其他学习任务； （4）常规操作以及完成组内其他学习任务； （5）文本记录以及完成组内其他学习任务		

三、故障确认

1. 一般故障诊断流程

此次实操依据图 3-6 所示的故障诊断流程进行，完成发现故障、确认故障、分析故障、排除故障、结果检验等步骤，掌握故障诊断与排除的基本方法。

2. 车辆基本检查

根据车辆故障现象，制定基本检查项目并完成基本检查，主要检查内容为检查高压系统是否正常上电（见表 7-2）、检查仪表是否存在故障信息提示或异常（见表 7-3）、检查空调系统工作是否正常（见表 7-4）等。

表 7-2　检查高压系统是否正常上电

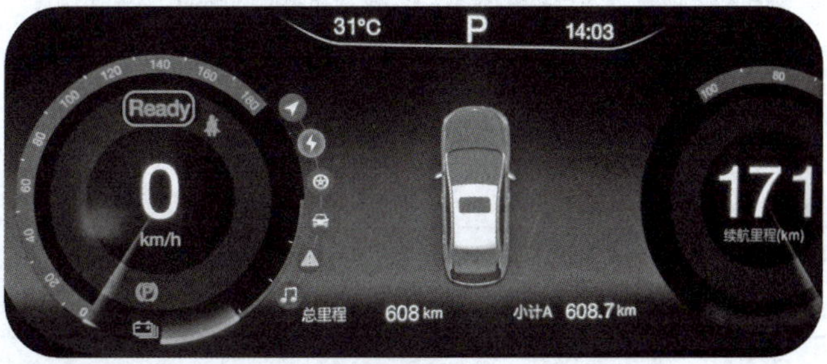

检查方法	点火开关至 ON 挡，踩下制动踏板
技术标准	“READY”指示灯亮起，安静环境下可听到接触器吸合声
检查结果	高压系统上电正常

表 7-3　检查仪表是否存在故障信息提示或异常

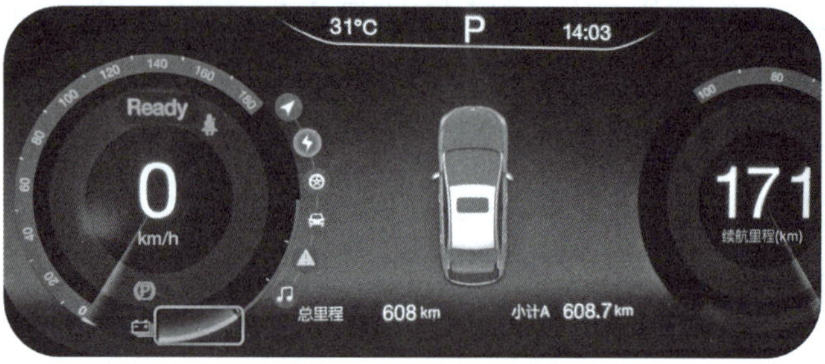

检查方法	点火开关至 ON 挡
技术标准	仪表无故障指示灯或故障信息提示；仪表显示数值正常
检查结果	检查符合技术标准，电池剩余电量充足

表 7-4　检查空调系统工作是否正常

检查方法	通过空调操纵面板、多媒体显示器，依次启用空调系统部件功能
技术标准	空调系统冷热风切换、风速、风门调节等功能可正常使用
检查结果	多媒体显示空调已关闭，空调系统各项功能无法使用（无反应）

经检查，确认故障现象为：空调系统各项功能无法使用（无反应）。

3. 查询故障代码

连接诊断设备对整车系统进行扫描，查询故障代码，诊断仪故障代码如图 7-5、图 7-6所示，诊断结果：与车辆连接成功后，故障代码为 U110587、U110687；故障信息为

MCU 与 ECC 通信丢失故障；MCU 与 EWP 通信丢失故障。EWP-B、ECC、EAS、PTC 等控制模块，诊断仪无法进入。

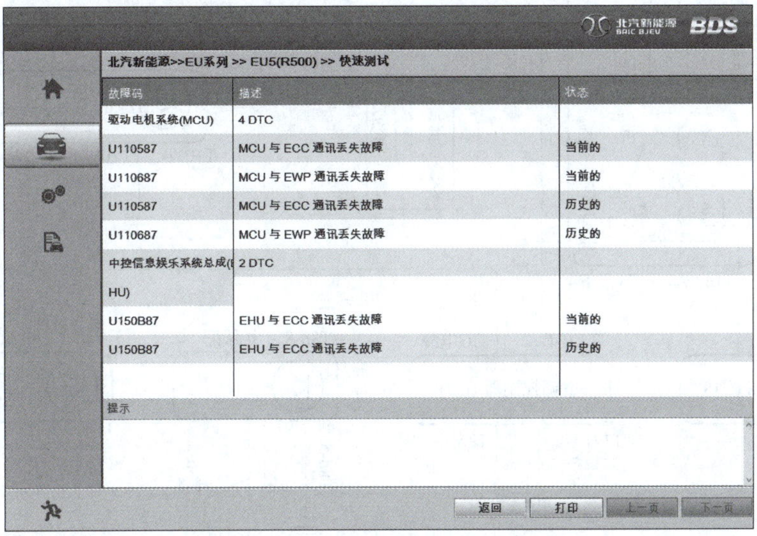

北汽新能源>>EU系列 >> EU5(R500) >> 快速测试

故障码	描述	状态
驱动电机系统(MCU)	4 DTC	
U110587	MCU 与 ECC 通讯丢失故障	当前的
U110687	MCU 与 EWP 通讯丢失故障	当前的
U110587	MCU 与 ECC 通讯丢失故障	历史的
U110687	MCU 与 EWP 通讯丢失故障	历史的
中控信息娱乐系统总成(HU)	2 DTC	
U150B87	EHU 与 ECC 通讯丢失故障	当前的
U150B87	EHU 与 ECC 通讯丢失故障	历史的

图 7-5　诊断仪故障代码-1

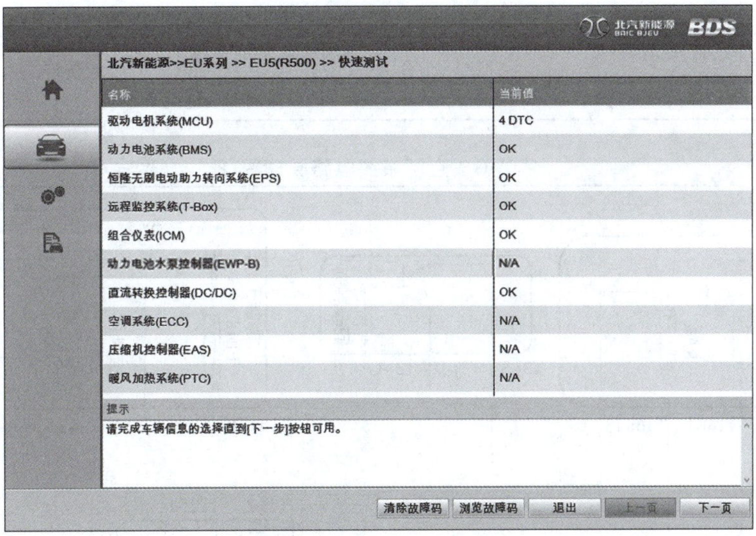

北汽新能源>>EU系列 >> EU5(R500) >> 快速测试

名称	当前值
驱动电机系统(MCU)	4 DTC
动力电池系统(BMS)	OK
恒隆无刷电动助力转向系统(EPS)	OK
远程监控系统(T-Box)	OK
组合仪表(ICM)	OK
动力电池水泵控制器(EWP-B)	N/A
直流转换控制器(DC/DC)	OK
空调系统(ECC)	N/A
压缩机控制器(EAS)	N/A
暖风加热系统(PTC)	N/A

图 7-6　诊断仪故障代码-2

四、故障分析

根据当前的故障现象和解码器诊断结果推测故障原因，通过可能故障原因制订排故计划与操作流程。

1. 相关控制原理

查阅北汽 EU5 维修手册中空调系统电路原理图，并对其进行拆画，拆画后空调系统电路原理图见表 7-5 ~ 表 7-9。

表 7-5 空调系统电路原理图-1

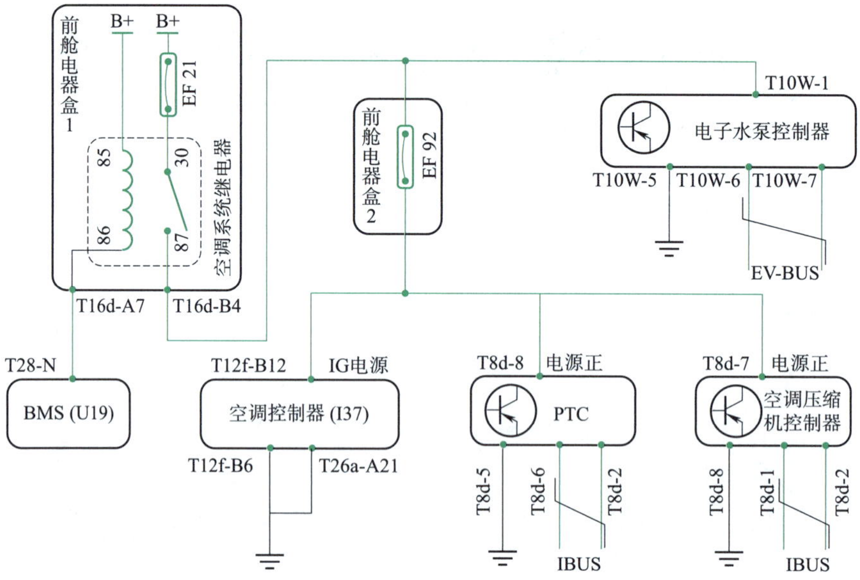

序号	端 子 编 号	端 子 定 义
1	T16d- A7	空调系统继电器控制线输入端子
2	T12f- B12	空调控制器 IG 电源输入端子
3	T8d-5	PTC 控制器接地端子

表 7-6 空调系统电路原理图-2

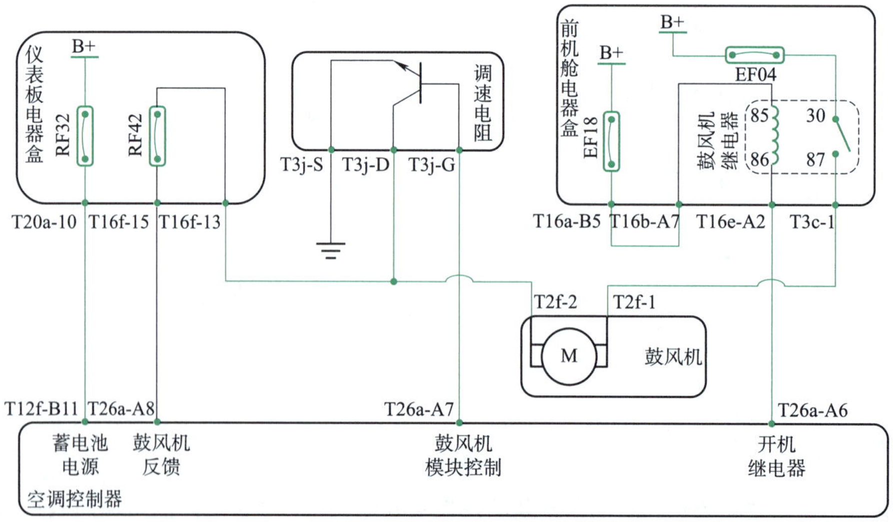

序号	端 子 编 号	端 子 定 义
1	T12f- B11	空调控制器供电端子
2	T26a- A6	鼓风机继电器控制线连接端子
3	T16b- A7	鼓风机继电器线圈供电输入端子

表 7-7　空调系统电路原理图-3

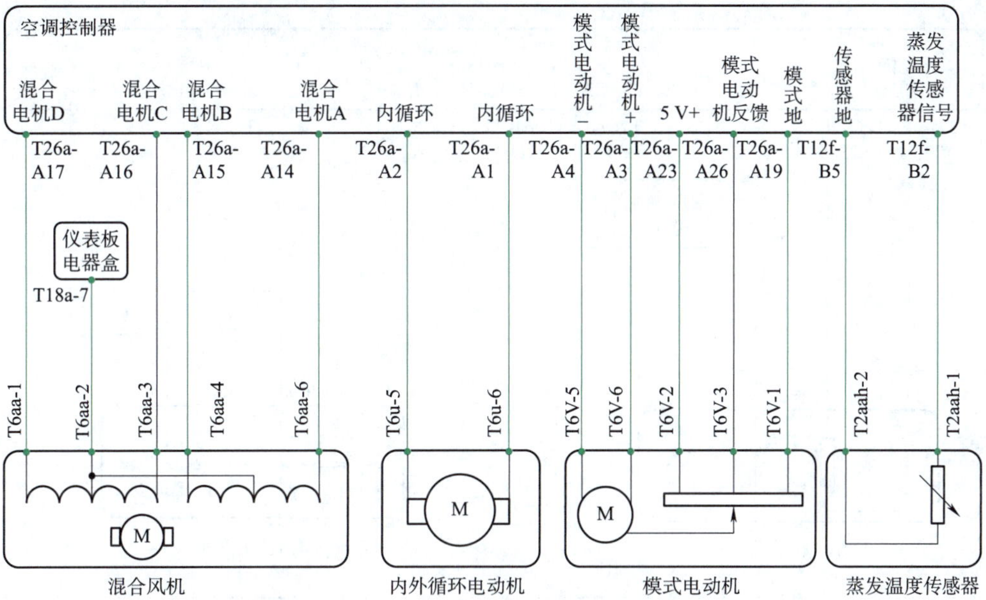

序号	端 子 编 号	端 子 定 义
1	T6a-2	混合风机供电输入端子
2	T12f-B2	蒸发温度传感器信号输入/供电输出端子
3	T26a-A23	模式电动机位置传感器供电输出端子

表 7-8　空调系统电路原理图-4

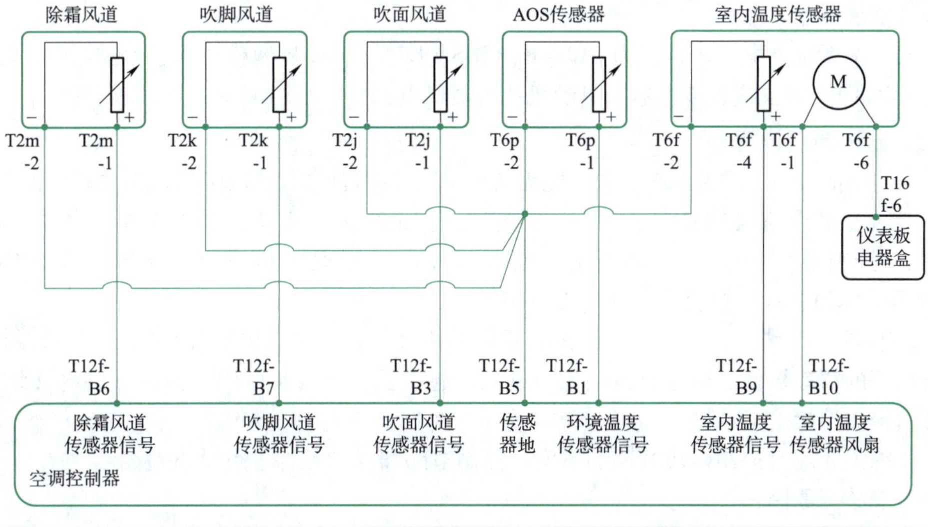

序号	端 子 编 号	端 子 定 义
1	T12f-B6	除霜风道传感器信号输入/供电输出端子
2	T12f-B5	传感器公共接地点
3	T12f-B9	室内温度传感器信号输入/供电输出端子

表 7-9 空调系统电路原理图-5

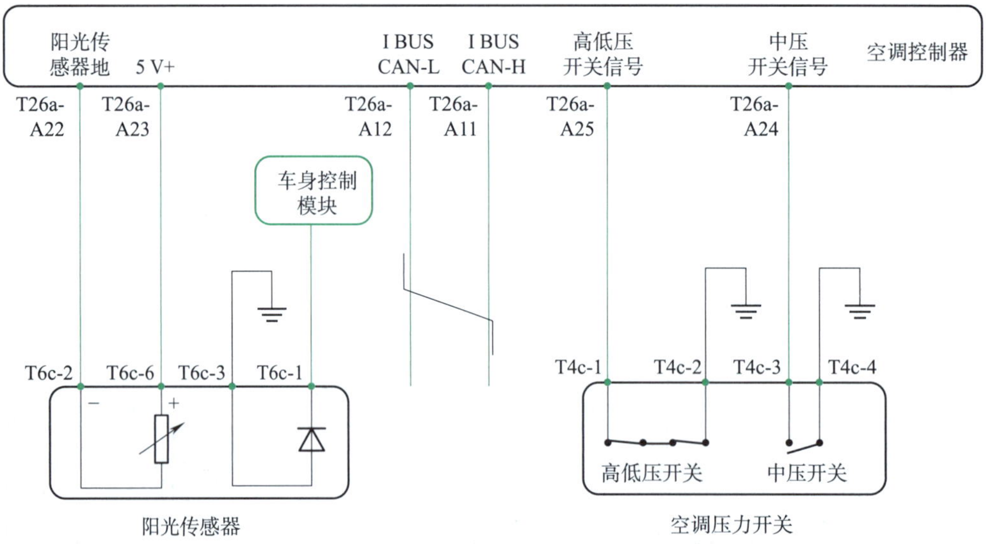

序号	端子编号	端子定义
1	T6c-6	阳光传感器信号输出/供电输入端子
2	T4c-4	中压开关信号接地点
3	T4c-2	高低压开关信号接地端子

控制原理分析：

①点火开关至 ON 挡，BMS（电池管理系统）判断当前状态满足电器使用条件，闭合空调系统继电器。

②空调系统继电器闭合，为 EWP-B、EAS、ECC、PTC 控制模块提供唤醒/工作电压，并由 ECC 向空调系统各传感器、电动机执行器供电。

2. 故障分析详解

①当前故障为“空调系统各项功能无法使用”，连接诊断仪，故障信息为“通信丢失”。

②通过对诊断仪信息分析可知，通信丢失/无法进入模块，共有两组，其中：EAS（压缩机控制器）、ECC（空调系统控制器）、PTC（暖风加热系统）属于 I-BUS CAN；EWP-B（风扇、水泵控制器）属于 EV-BUS。

③不同 CAN 线系统，同为空调工作重要模块（空调制冷，风扇旋转），CAN 线或模块同时损坏的概率极低。可导致系统无法进入，通信丢失的剩余原因：控制器供电（线路）异常；控制器接地（线路）异常。

④综上，应对控制模块共同的供电、控制电路和保护元件进行重点检测。

可能故障原因：

①空调继电器损坏。

②控制模块供电线路故障。

③空调继电器控制线路故障。

④BMS 控制模块故障。

五、故障排除

1. 排故思路

排故流程图如图 7-7 所示，从故障率由高到低测量或由简到繁测量：优先测量电源电路熔丝，若熔丝损坏则更换熔丝；若熔丝未损坏，应依次对供电线路/控制线路进行检查，通过排除法，确认最终故障点。

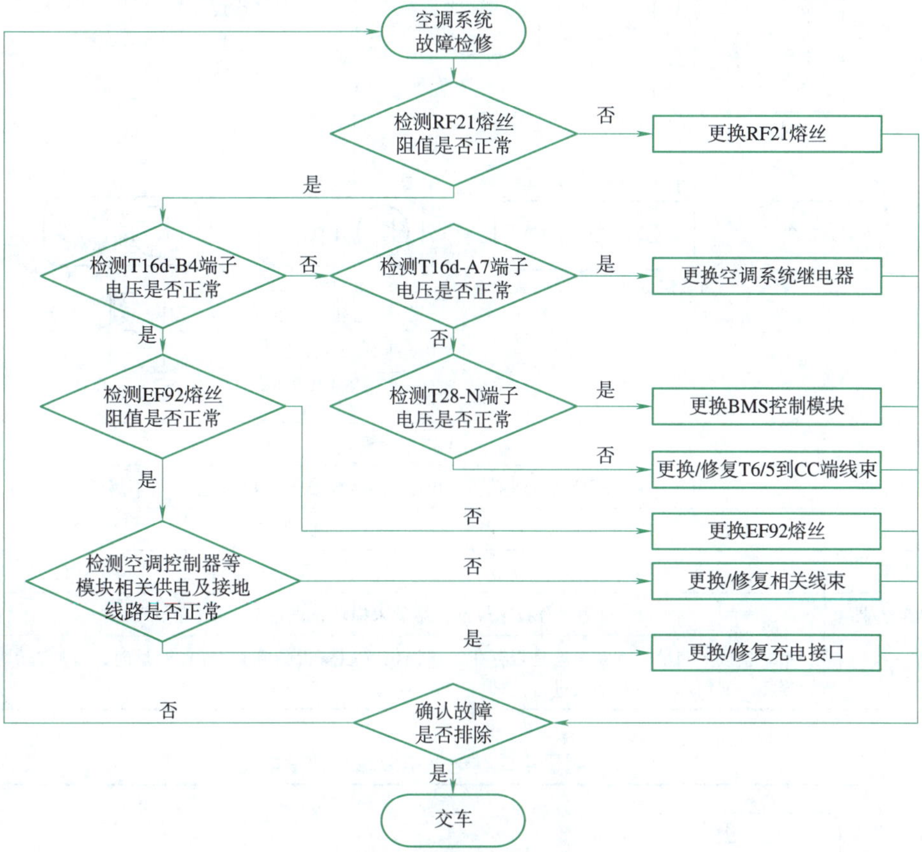

图 7-7　排故流程图

2. 故障排查注意事项

①维修作业前，应对绝缘手套、护目镜等基本安全用具进行检查。

②禁止穿拖鞋进入维修区域，车辆检查时应正确穿戴符合安全要求的劳保用品。

③使用举升机时，确保车辆处于正确位置，且需要不少于两人对其进行检查。

④进入车辆底部时，必须佩戴绝缘安全帽。

⑤对车辆高压线路进行检查时，需先对车辆进行高压下电操作。

⑥故障排查结束后，遵守实训场地的 5S 管理，规范恢复车辆及工具。

⑦如出现触电，应立即切断电源进行抢救。

3. 线路排查

线路排查包含了测量 EF21 供电熔丝（见表 7-10）、测量空调继电器电源输出端子电压（见表 7-11）、测量空调继电器控制线端子电压（见表 7-12）、测量 BMS　T28-N 端子电压（见表 7-13）等。

表 7-10　测量 EF21 供电熔丝

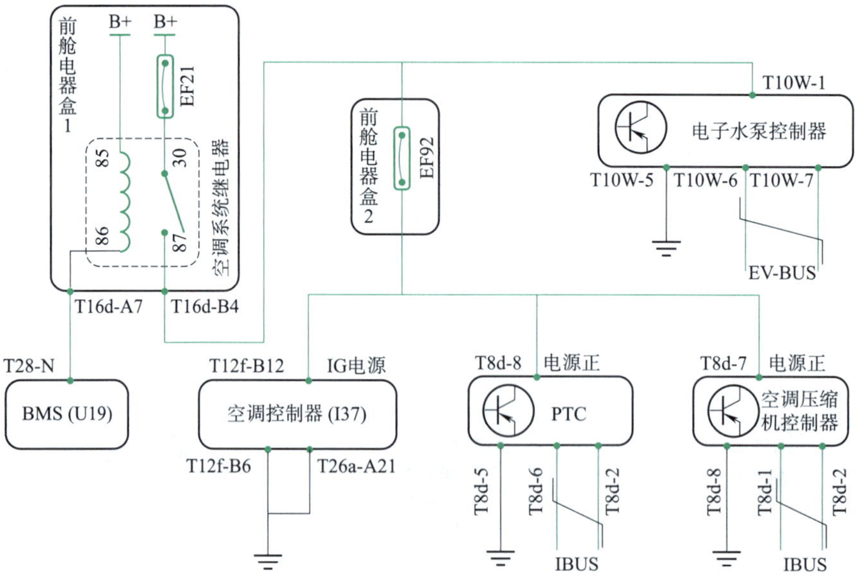

测量位置	EF21 熔丝测量点			
测量条件	电压：启动开关至 ON 挡位；电阻：启动开关至 OFF 挡位（拔下熔丝）			
电压	测量值	12 V	标准值	12 V
电阻	测量值	0 Ω	标准值	0 Ω
测量结果	检测符合技术标准，熔丝未损坏，进行下一步检测			
测量说明	将熔丝拔下测量，判断熔丝是否存在机械损伤（引脚折断等），操作测量时，应检查引脚是否损坏。如损坏，应对结果进行记录			

表 7-11　测量空调继电器电源输出端子电压

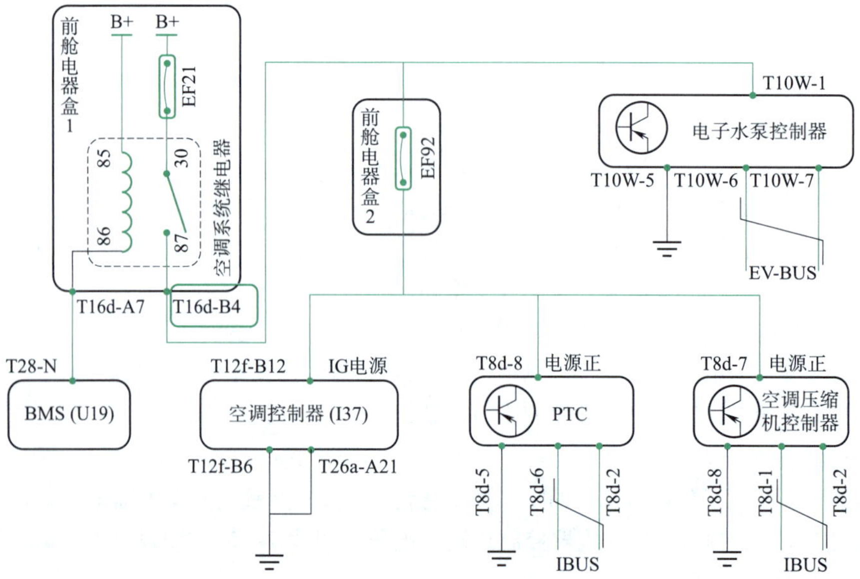

测量位置	T16d- B4 端子			
测量条件	点火开关至 ON 挡			
测量数据	测量值	0 V	标准值	12 V
测量结果	测量值未达到技术标准，接触器未闭合或触点烧蚀			
端子是否损坏	否			

表 7-12　测量空调继电器控制线端子电压

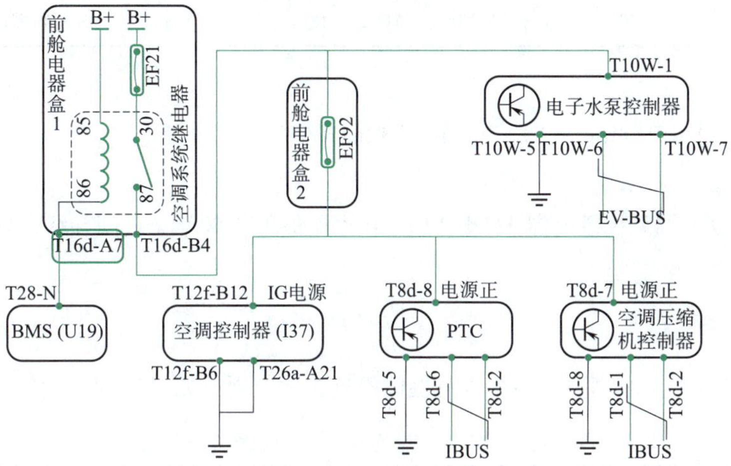

测量位置	T16d- A7 端子			
测量条件	车辆启动开关分别至 OFF、ON 挡			
OFF	测量值	12 V	标准值	12 V
ON	测量值	12 V	标准值	0 V
测量结果	点火开关至 ON 挡时，电压无变化，说明继电器控制线路未生效			
端子是否损坏	否			

表 7-13　测量 BMS T28- N 端子电压

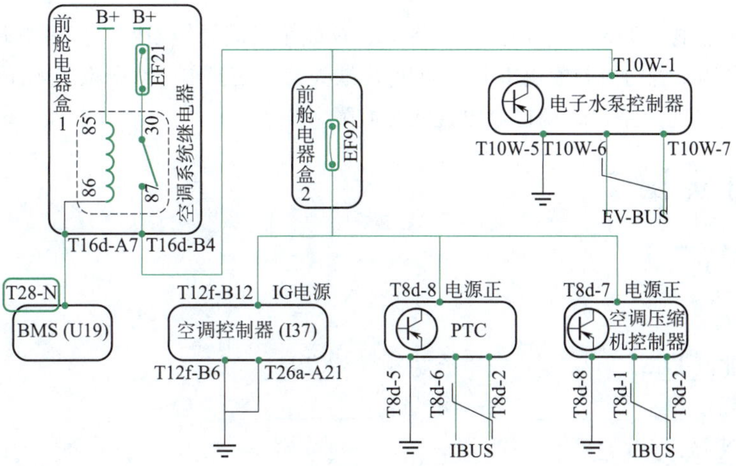

测量位置	T28-N 端子			
测量条件	车辆启动开关分别至 OFF、ON 挡			
OFF	测量值	0 V	标准值	12 V
ON	测量值	0 V	标准值	0 V
测量结果	点火开关至 OFF 挡时，无电压，说明继电器控制线路导线断路			
端子是否损坏	否			
测量说明	若点火开关至 ON 挡时，测量值为 12 V，可判断故障点为 BMS 控制模块故障			

4. 诊断结果

空调系统继电器 T16d-A7 端子至 BMS T28-N 端子之间导线断路。

5. 维修建议

更换/修复空调系统继电器 T16d-A7 端子至 BMS T28-N 端子之间导线，确保维修后符合标准值。

六、性能检查

对完成修复后的车辆空调系统进行性能检查，检查项目见表 7-14，确保故障已排除。

表 7-14　车辆空调系统排故后性能检查项目

序号	检查项目	检查方法	技术要求	检查结果（√或×）
1	控制面板	高压上电，启动空调，检查加热等功能	各项功能使用正常	√

修复故障后，对车辆空调系统进行性能检测，检测结果全部正常，车辆可正常使用空调；且重新接通诊断仪清除故障，并再次读取故障代码，没有新的故障出现，表明故障已排除。

七、故障机理分析

空调系统继电器 T16d-A7 端子至 BMS T28-N 端子之间导线断路，使得空调系统继电器无法闭合，空调系统内控制模块供电/唤醒电压缺失，无法工作（空调系统无任何反应）。

如果此线出现断路、虚接也会出现此类故障。

项目实操二

一、项目情景

1. 车辆信息

车型：北汽 EX3　　　　年款：2019

行驶里程：________　　　　电量：________

车辆 VIN 码：________

车辆外观状况：________　　　　车辆内饰状况：________

2. 故障现象

车辆可正常行驶，开启空调，出风口无风。

3. 设备及工具清单

车用万用表、新能源汽车故障诊断仪、与解码器配套的电脑、汽修专用工具套装。

二、小组划分

空调系统故障检修采用划分小组的形式开展，各小组完成记录表见表7-15。

表7-15　实训小组记录表

班级：	组名：	组长：	项目名称：
组员：			
成员任务职责	组长负责本学习任务的小组组织、决策、安全管理等		
	组员负责： （1）安全监督以及完成组内其他学习任务； （2）工具备料以及完成组内其他学习任务； （3）技术资料准备以及完成组内其他学习任务； （4）常规操作以及完成组内其他学习任务； （5）文本记录以及完成组内其他学习任务		

三、故障确认

1. 一般故障诊断流程

此次实操依据图3-6所示的故障诊断流程进行，完成发现故障、确认故障、分析故障、排除故障、结果检验等步骤，掌握故障诊断与排除的基本方法。

2. 车辆基本检查

根据客户反映故障现象，制定基本检查项目并完成基本检查，主要内容为检查高压系统是否上电以及仪表是否存在故障信息提示（见表7-16），并对空调系统工作性能进行检查（见表7-17）。

表7-16　检查高压系统是否上电以及仪表是否存在故障信息提示

检查条件	踩下制动踏板，车辆启动开关至ON挡
技术标准	仪表“READY”指示灯亮起，无故障指示灯与故障信息提示
检查结果	“READY”指示灯亮起，高压系统上电，仪表无故障指示灯

表 7-17 对空调系统工作性能进行检查

检查条件	高压系统上电，使用空调操纵面板，依次启用空调系统部件功能
技术标准	（1）空调操纵面板、按键无机械损伤，点击后可执行对应功能
	（2）出风口位置、风速、温度高低（冷、热）与内外循环可自如切换（出风口位置与内外循环，可通过观察执行器是否动作完成）
	（3）全冷风门：出风口温度 18 ℃；全热风门：出风口温度 32 ℃
	（4）风速：调节开关挡位，迎面吹风状态下，驾驶员有清风拂面之感（可用手触碰鼓风机壳体、听鼓风机运转噪声，判断是否工作）
检查结果	空调系统开启后，出风口无风，鼓风机未工作，剩余执行器工作正常

经检查，确认故障现象为：空调系统开启后，各出风口无风，鼓风机未工作，剩余执行器工作正常。

3. 查询故障代码

连接诊断设备对整车系统进行扫描，查询故障代码，诊断仪故障代码如图 7-8 所示。故障代码为 P16A211；故障信息为鼓风机驱动回路短路。

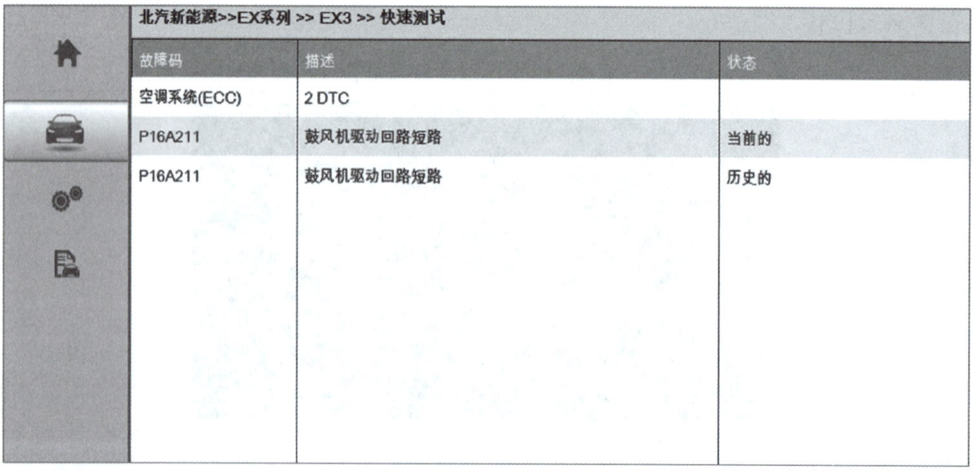

图 7-8 诊断仪故障代码

四、故障分析

根据当前的故障现象和解码器诊断结果推测故障原因，通过可能故障原因制订排故计划与操作流程。

1. 相关控制原理

车辆空调系统电路图拆画，如图 7-9 所示。

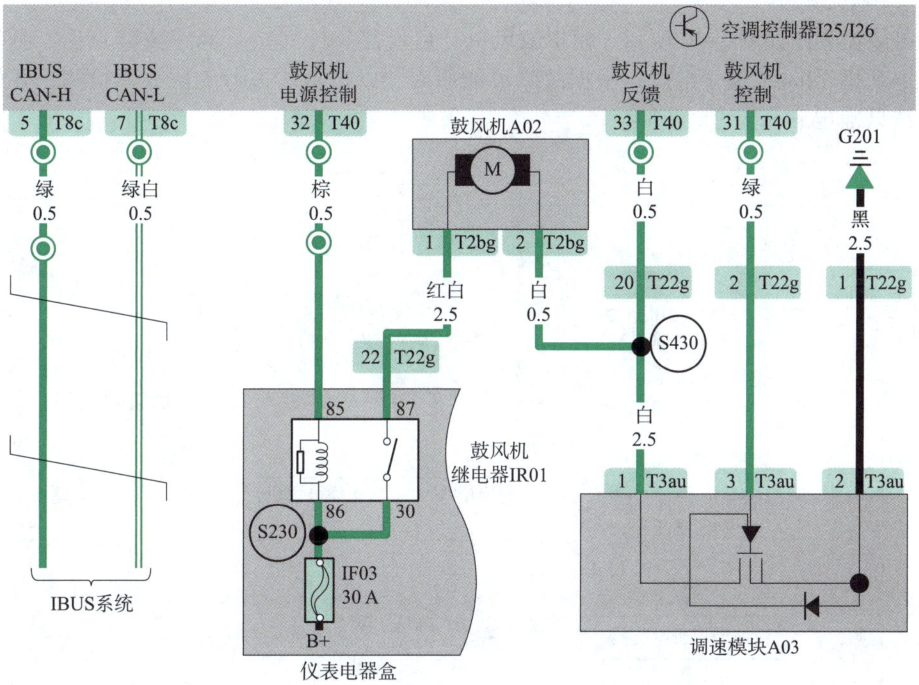

图 7-9　车辆空调系统电路图拆画

控制原理分析：

①点火开关至 ON 挡，使用调速按键开启鼓风机，空调系统控制模块闭合 IR01 鼓风机继电器，为鼓风机供电，鼓风机通过空调风机调速电阻 T3au-2 端子接地形成回路，鼓风机工作。

②鼓风机旋转速度受调速电阻接地阻值限制，驾驶员通过空调操纵面板调速按键，发出增加风速指令，控制器 T40-31 端子发出调速信号，鼓风机调速电阻接地阻值与鼓风机电动机两端电势差降低，工作电流增大，鼓风机旋转速度增加（风速加大）。

③空调控制模块可通过 T40-33 端子实时接收调速电阻因电势差所形成的电压值，以电压等级判断鼓风机当前挡位与驾驶员指令是否一致、鼓风机调速电阻与鼓风机工作状况等。

2. 故障分析详解

①当前故障现象为：鼓风机不工作。

②依据鼓风机电路原理图与控制原理分析，鼓风机运行条件为：鼓风机电源供电、接地正常，自身未损坏。

③连接诊断仪，空调系统显示鼓风机驱动回路短路（P16A211），查阅维修手册可知故障信息对应故障原因。

可能故障原因：

①调速模块损坏；

②线束断路/损坏（含继电器、熔丝）；

③鼓风机电动机损坏。

五、故障排除

1. 排故思路

排故流程图如图7-10所示，模拟鼓风机开启所需条件（按下调速按键）后，测量鼓风机电动机T2bg-1端子电压，根据故障可能原因，以排除法进行此次故障检测，并根据测量结果确定下一步诊断步骤。

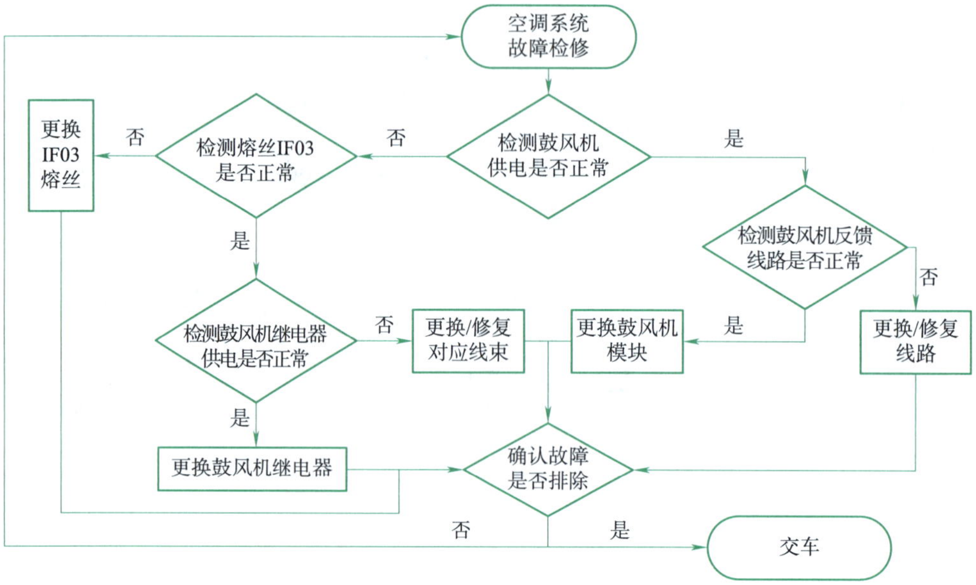

图7-10　排故流程图

2. 故障排查注意事项

①维修作业前，应对绝缘手套、护目镜等基本安全用具进行检查；

②禁止穿拖鞋进入维修区域，车辆检查时应正确穿戴符合安全要求的劳保用品；

③使用举升机时，确保车辆处于正确位置，且需要不少于两人对其进行检查；

④进入车辆底部时，必须佩戴绝缘安全帽；

⑤对车辆高压线路进行检查时，需先对车辆进行高压下电操作；

⑥故障排查结束后，遵守实训场地的5S管理，规范恢复车辆及工具；

⑦如出现触电，应立即切断电源进行抢救。

3. 线路排查

线路排查内容包含了测量鼓风机供电电压（见表7-18）、测量鼓风机供电熔丝（见表7-19）、测量鼓风机继电器线圈控制线路（见表7-20）、测量鼓风机继电器线圈控制线路阻值（见表7-21）等。

表 7-18 测量鼓风机供电电压

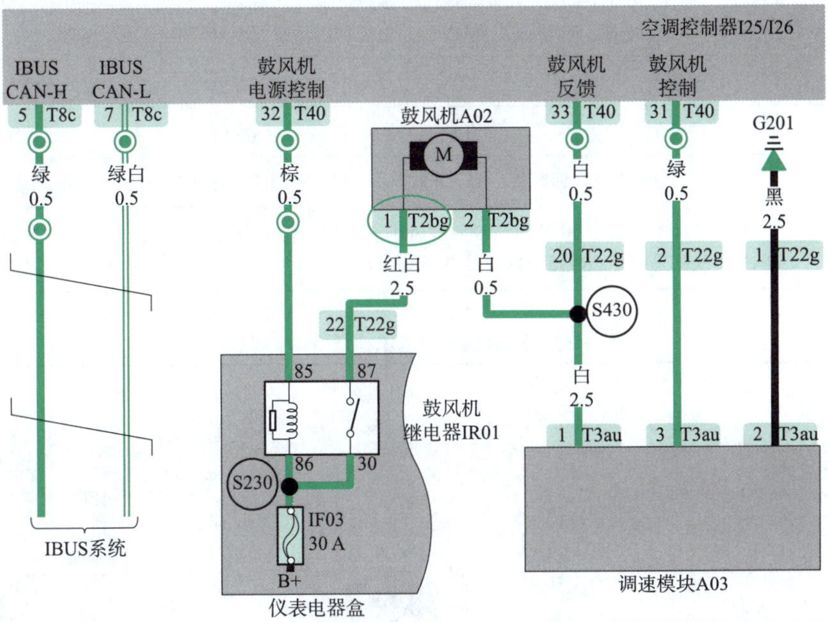

测量位置	T2bg-1 端子			
测量条件	启动开关至 ON 挡，按下鼓风机开启按键			
电压	测量值	0 V	标准值	12 V
测量结果	电压不符合规定值，进行下一步测量			
检测说明	模拟鼓风机开启所需条件（按下调速按键）后，测量鼓风机电动机 T2bg-1 端子供电电压，电压值为 0 V，与实际规定电压不符，可确认引起当前故障现象的故障范围：鼓风机电动机供电电源侧故障，下一步可测量 IF03 供电熔丝是否损坏			

表 7-19 测量鼓风机供电熔丝

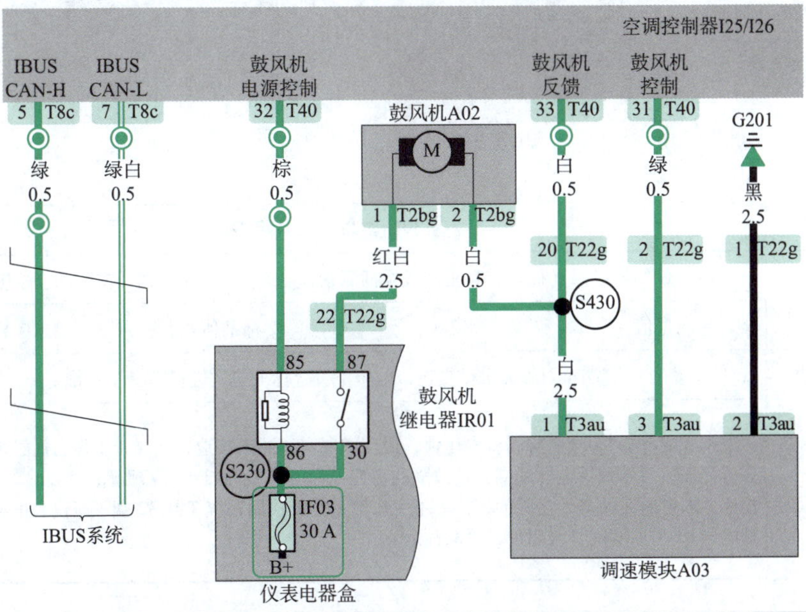

测量位置	IF03 供电熔丝			
测量条件	电压：启动开关至 ON 挡；电阻：启动开关至 OFF 挡（拔下熔丝）			
电压	测量值	12 V	标准值	12 V
电阻	测量值	0 Ω	标准值	0 Ω
测量结果	测量值符合标准值，熔丝未损坏，端子引脚无机械损伤，进行下一步测量			
检测说明	T22g-22 端子未测得电压值，说明鼓风机继电器未将电源电压输出，下一步可检测鼓风机线圈控制线路是否存在故障，判断继电器是否损坏			

表 7-20　测量鼓风机继电器线圈控制线路

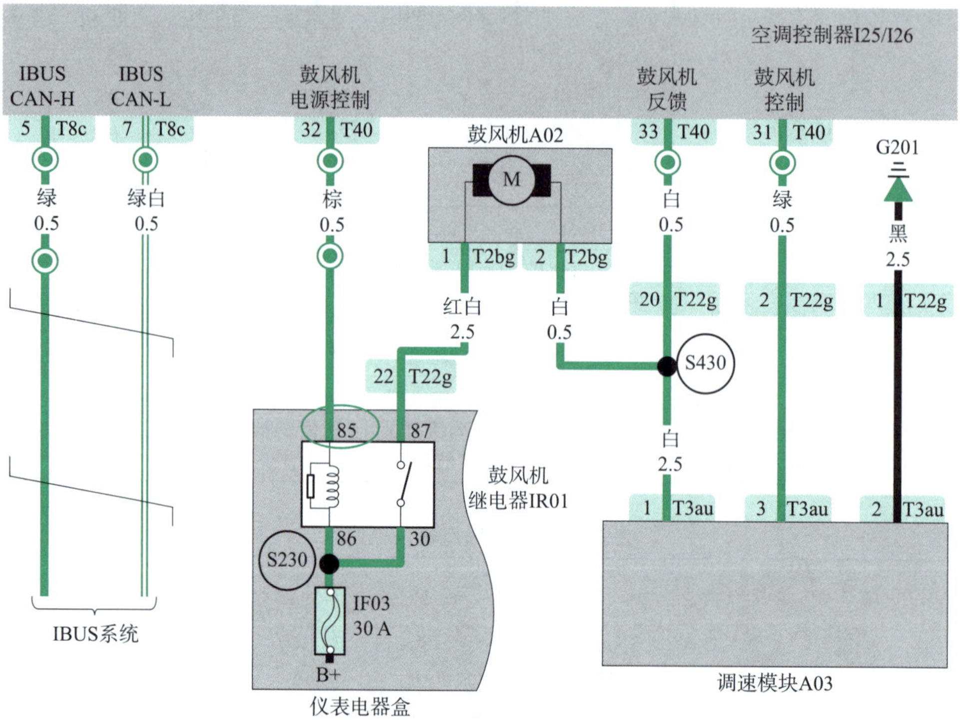

测量位置	鼓风机继电器 85 号引脚			
测量条件	使用转接器（插头、插座）或尾插测量；点火开关至 ON 挡，按下调速按键			
电压	测量值	12 V	标准值	0 V
测量结果	端子引脚无机械损伤，电压不符合标准值，进行下一步测量			
检测说明	鼓风机继电器 85 号引脚测得电压值，说明继电器线圈未接地，线圈未工作；通过电路原理图分析可知，可导致继电器线圈接地故障的可能原因为：线圈接地导线断路；ECC 空调控制模块损坏，未导通线圈与地之间的连接。下一步测量空调控制系统 T40-32 端子至仪表电器盒鼓风机继电器 85 号引脚间导线阻值，判断故障点			

表 7-21　测量鼓风机继电器线圈控制线路阻值

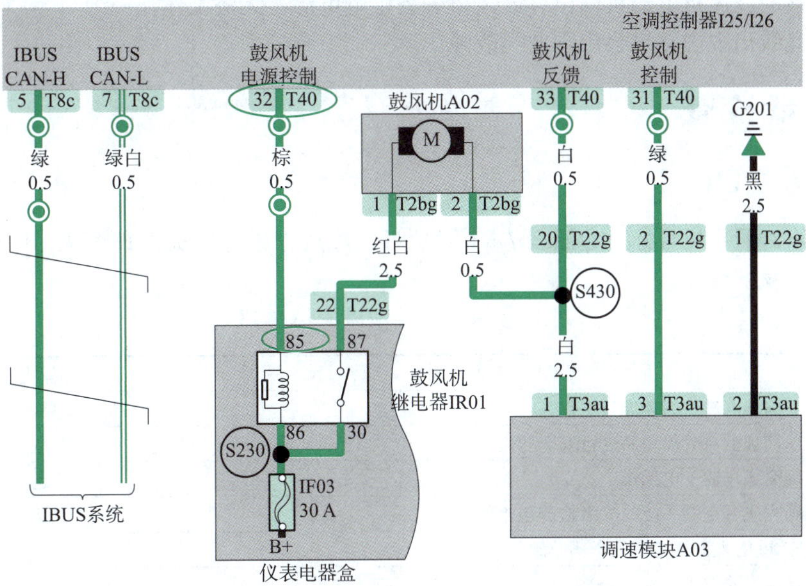

测量位置	T40-32 端子；鼓风机继电器 85 号引脚			
测量条件	点火开关至 OFF 挡，拔下插头测量			
电阻	测量值	∞	标准值	0 Ω
测量结果	电阻不符合规定值，确认故障点			

4. 诊断结果

空调控制模块 T40-32 端子至仪表电器盒鼓风机继电器 85 号引脚间导线断路。

5. 维修建议

更换/修复空调控制模块 T40-32 端子至仪表电器盒鼓风机继电器 85 号引脚间导线，确保维修后符合标准值 0 Ω。

六、性能检查

对完成修复后的空调系统进行性能检查，检查项目见表 7-22，确保故障已排除。

表 7-22　车辆空调系统排故后性能检查项目

序号	检查项目	检查方法	技术要求	检查结果（√或 ×）
1	空调出风口	高压系统上电后，按下鼓风机调速按键	调节开关挡位 2、迎面吹风状态下，驾驶员有清风拂面之感，且风速随按键加减变化	√
2	故障代码	点火开关至 ON 挡，接连诊断仪	清除历史故障后，读取故障信息，无故障代码	√

修复故障后，对车辆空调系统进行性能检测，检测结果显示空调系统无异常。且重新接通诊断仪清除故障，并再次读取故障码，没有新的故障出现，表明故障已排除。

七、故障机理分析

鼓风机电动机运转、正常工作的基本条件为：鼓风机电源供电、接地正常、自身未损坏。若鼓风机继电器线圈控制导线断路，导致鼓风机继电器触点无法闭合，则供电电源无法经继电器向鼓风机电动机输出，鼓风机失去供电电源，无法工作。

如果此线出现虚接也会出现此类故障。

质量检查

一、小组自检

各小组对照项目目标，参照表7-23对项目实施过程进行再次检查确认，保证故障诊断的完整性及准确性。

表7-23　小组自检表

序号	检查项目	检查结果
1	作业前规范进行场地准备工作	□是　□否
2	作业前规范对劳保用品进行安全检查	□是　□否
3	正确完成车辆下电操作	□是　□否
4	正确完成对空调系统的故障检测与维修	□是　□否
5	遵守5S管理，规范恢复车辆及工具	□是　□否
6	无任何事故发生	□是　□否

二、教师检查

教师根据各小组项目完成情况，参照表7-24，对故障诊断结果进行质量检查，并对各小组项目实施过程中所存在的问题提出改进措施与建议。

表7-24　教师检查表

班级：	组名：	成绩：	
项目名称：			
评价项目		分数	教师评价
职业素养（10分）	团队协作能力	2	
	计划组织能力	2	
	诊断分析能力	2	
	质量意识	4	
职业技能（76分）	发现并确认故障现象	8	
	分析故障原因	20	
	制定故障排除方案	20	
	实施故障诊断流程	20	
	检验或提出维护建议	8	
安全考评（14分）	落实“5S”	7	
	安全操作	7	
存在问题及改进措施			
总成绩			

讨论提升

各小组以北汽EU5实训车辆为例，制定新能源汽车空调系统故障诊断流程。想一想，车载空调与家用空调是否相同？若不同，试说明有哪些区别？

评价反馈

小组成员完成空调系统故障诊断项目后，每位成员对课程内容及个人实操表现进行反思总结。

①你认为本项目的重难点是什么？

____

____

____

____

②项目实施过程中是否遇到问题？你是怎么解决的？

____

____

____

____

③请对你在项目实施过程中的表现进行总结和反思。

____

____

____

____

拓展阅读

职业教育发展新方向——科教融汇

党的二十大报告提出，统筹职业教育、高等教育、继续教育协同创新，推进职普融通、产教融合、科教融汇。其中，科教融汇，是一个创新性表述。

“要坚持以科教融汇为新方向，服务创新驱动战略。”在教育部职业教育与成人教育司原司长陈子季看来，产教融合是教育和产业互补互融、共生共长。要以探索省域现代职业教育体系建设新模式为“一体”、以建设市域产教联合体和跨区域行业产教融合共同体为“两翼”，深化职业教育改革，做到以产定教、以教促产、产教融合。

项目八 车辆辅助系统故障检修

项目引入

新能源汽车的加速踏板和换挡机构是确保车辆安全和性能的关键组成部分。加速踏板控制着电动机的动力输出，而换挡机构负责实现高效的动力传递。然而，这些系统也可能面临各种各样的故障，可能会导致驾驶困难、动力丧失或驾驶不稳。因此，需要深入了解和掌握新能源汽车加速踏板和换挡机构的故障检修。在本项目中，将探索这些系统的构造和工作原理，学习有效的故障诊断方法和维修技巧，以确保新能源汽车在道路上表现卓越，并为驾驶员提供安全和可靠的驾驶体验。

项目目标

1. 知识目标

（1）了解新能源汽车换挡系统和加速踏板系统的组成及各部件的作用；

（2）了解并掌握新能源汽车换挡系统和加速踏板系统的工作原理；

（3）能准确识读并独立解析换挡系统和加速踏板系统电路图；

（4）能叙述换挡系统和加速踏板系统的控制原理和逻辑。

2. 技能目标

（1）能够有效地检查和测试换挡系统和加速踏板系统的各个组件；

（2）能够使用诊断工具确定故障的位置和原因，并采取适当的措施解决问题；

（3）具备维修和更换系统内零部件的技能；

（4）在系统检修和维护时严格遵守安全标准，确保工作环境和过程的安全性；

（5）能够独立完成故障诊断报告和维修记录。

3. 职业素养目标

培养安全责任意识。

知识链接

加速踏板是位于车辆驾驶员座位下方的踏板，驾驶员通过踩下或释放踏板来控制发动机的节气门开度。踩下加速踏板增加节气门开度，导致发动机产生更多的动力，从而车辆加速。释放加速踏板减少节气门开度，减小动力输出，使车辆减速或停车。加速踏板的主要功能是允许驾驶员控制车辆的速度和加速度。它连接到发动机的节气门阀，通过改变节气门阀的位置来控制发动机的输出。

换挡系统是与车辆的变速器（传动系统）相关的组成部分，其任务是控制车辆的挡位或速度。这个系统根据驾驶条件和驾驶员的需求来自动或手动切换车辆的挡位，以确保发动机的输出与车速相匹配。换挡系统的主要功能是管理车辆的速度和发动机转速，以提供最佳的动力输出。自动变速器会自动选择最适合当前驾驶条件的挡位，而手动变速器需要驾驶员手动选择挡位。

综合来看，加速踏板和换挡系统在协同工作中起着关键作用，使驾驶员能够控制车辆的速度和动力，以满足不同驾驶条件的需求。这些系统对于汽车的性能和安全性至关重要，因此对它们的认知和理解对于驾驶员和维修技师来说都非常重要。

一、换挡机构的结构组成

新能源汽车通常使用电动机作为动力源，因此在换挡机构方面与传统燃油车有一些不同。以下是一般情况下新能源汽车的换挡机构的主要组成部分：

电动机：新能源汽车的主要动力源是电动机，通常是一个电动机单元或多个电动机单元。这些电动机负责驱动车辆的车轮。

变速器：一些新能源汽车配备了变速器，尤其是混合动力车型，以帮助优化动力输出和效率。变速器在一定情况下可以改变电动机的转速和车辆速度。

传感器和控制单元：新能源汽车使用电子控制系统来管理电动机的功率输出和换挡过程。传感器负责监测车辆速度、电动机转速、节气门输入等信息，而控制单元根据传感器的数据来调整电动机的功率输出和变速器的工作。

换挡操作机构：如果汽车配备了多挡变速器，那么会使用换挡操作机构来实现挡位的切换。这通常是由电动或液压系统控制的，根据驾驶条件和需求来自动或手动切换挡位。

液冷系统：在一些高性能的电动汽车中，为电动机和电池组提供冷却是重要的。液冷系统可以确保电动机在高负载时保持适当的温度。

需要注意的是，不是所有新能源汽车都配备传统的多挡变速器，因为一些电动汽车使用单速变速器或没有传统意义上的变速器。取而代之，它们依赖电子控制来管理电动机的功率输出，以满足驾驶需求。因此，新能源汽车的换挡机构会因车型和制造商的不同而有所不同。

二、换挡系统的工作过程

新能源汽车（例如电动车辆和插电混合动力车辆）的换挡系统工作方式与传统燃油车有很大不同。以下是一般情况下新能源汽车换挡系统的工作过程：

电动机驱动：新能源汽车的动力源是一个或多个电动机，而不是内燃机。电动机负责转动车轮，产生牵引力以推动车辆前进。

电子控制：电动车辆配备了先进的电子控制系统，这些系统负责管理电动机的功率输出和车辆的速度。这些系统包括控制单元和传感器。

传感器监测：传感器定期监测车辆的速度、电动机的转速、电池状态、驾驶员的输入（例如加速踏板位置）以及其他相关参数。

电子控制器调整功率：根据传感器的数据，电子控制器会动态地调整电动机的功率输出，以满足驾驶员的需求和驾驶条件。如果驾驶员踩下加速踏板，电子控制器会增加电动机的功率输出，车辆加速；如果驾驶员释放加速踏板，电子控制器会减小功率输出，车辆减速。

无须多挡变速器：与传统燃油车不同，大多数新能源汽车使用单速变速器或没有多挡变速器。这意味着电动机通常在一个固定的齿轮比下运行，而不需要手动或自动切换多个挡位。

能量回收：新能源汽车通常具有能量回收系统，可以将制动能量转化为电能并存储在电池中，以提高能源利用效率。在能量回收期间，电动机可以充当发电动机，将部分能量转化为电能。

总之，新能源汽车的换挡系统更加简化，驾驶更加平稳、高效，并减少了与多挡变速器相关的机械部件和复杂性。同时，它还有助于提高能源利用效率和减少尾气排放。

三、新能源汽车与传统燃油车换挡机构的区别

新能源汽车与传统燃油车在换挡机构方面存在显著的区别，主要是由于它们使用不同类型的动力系统（电动机与内燃机）所导致的。主要区别有：

1. 是否存在变速器

大多数新能源汽车，尤其是纯电动汽车（BEV），通常不需要传统的机械变速器或多挡变速器，它们通常使用单速变速器或没有变速器；而传统的燃油车通常配备多挡变速器，以便在不同驾驶条件下调整发动机的转速和车速。

2. 变速器类型

大多数新能源汽车使用单速变速器或无传统变速器，因为电动机具有广泛的转速范围，能够提供适合不同驾驶条件的动力输出；而传统燃油车通常具有手动变速器或自动变速器，用于手动或自动切换多个挡位。

3. 动力输出

电动汽车通常具有高扭矩、低转速的特性，可以从静止状态开始提供强大的动力输出。这种特性使电动汽车在城市驾驶中非常出色，但也能够在高速公路上提供平稳的加速性能；而传统燃油车的动力输出通常受制于内燃机的转速范围，需要在不同挡位之间切换以获得最佳性能。

4. 机械复杂性

由于电动汽车的变速器通常较简化，所以它们通常具有较少的机械部件，减少了维护和故障的机会；而传统燃油车的多挡变速器包含多个齿轮、离合器和复杂的机械构造，需要更多的维护和可能出现更多故障。

新能源汽车的换挡机构通常更加简化，依赖电子控制来实现平滑的动力输出。这使得电动汽车在城市驾驶中表现出色，同时减少了机械复杂性和维护成本。与传统燃油车相比，电动汽车的驾驶方式和性能特点也有所不同。

四、新能源汽车和传统燃油车加速踏板的区别

新能源汽车的加速踏板和传统燃油车的加速踏板在设计和功能上存在一些区别，这主要是由于它们使用不同类型的动力系统所导致的。新能源汽车和传统燃油车加速踏板的主要区别有：

1. 传动方式不同

新能源汽车使用电动动力系统，通常是一个或多个电动机来提供动力。因此，电动汽车的加速踏板实际上控制电动机的功率输出。踩下加速踏板增加电动机的功率，从而实现加速；传统燃油车使用内燃机来产生动力，加速踏板控制节气门的开度，从而控制发动机的燃油供应。踩下加速踏板增加燃油供应，发动机增加转速，从而实现加速。

2. 反应速度不同

电动汽车通常具有更快的反应速度。由于电动机可以瞬间提供最大扭矩，因此电动汽车的加速通常更加迅猛，驾驶响应更快；传统燃油车的加速响应通常较慢，需要时间来实现动力输出的增加，因为内燃机需要燃烧燃料并建立转速。

3. 挡位切换不同

大多数新能源汽车不需要多挡变速器，因为电动机通常在一个较宽的转速范围内提供高扭矩，而无须手动或自动切换挡位；传统燃油车则需要在不同驾驶条件下切换挡位以获得最佳性能和燃油效率。

4. 控制对象不同

电动汽车使用电能作为动力源，不需要涉及液体燃料，因此加速踏板的作用是控制电能的输出；传统燃油车使用液体燃料（如汽油或柴油），加速踏板控制燃料供应，影响内燃机的工作。

总的来说，新能源汽车和传统燃油车的加速踏板在控制动力源、反应速度和挡位切换方面存在显著的区别，这是由于它们使用不同类型的动力系统。这些差异会影响车辆的驾驶感受和性能特点。

项目实操一

一、项目情景

1. 车辆信息

车型：北汽 EU5　　　　　　年款：　2019　
行驶里程：____________　　　电量：____________
车辆 VIN 码：____________
车辆外观状况：____________　车辆内饰状况：____________

2. 故障现象

车辆可高压上电，但无法换挡行驶，仪表显示系统故障指示灯。

3. 设备及工具清单

车用万用表、新能源汽车故障诊断仪、与解码器配套的电脑、汽修专用工具套装。

二、小组划分

换挡系统故障检修采用划分小组的形式开展，各小组完成记录表见表 8-1。

表 8-1　实训小组记录表

<table>
<tr><td>班级：</td><td>组名：</td><td>组长：</td><td>项目名称：</td></tr>
<tr><td colspan="4">组员：</td></tr>
<tr><td rowspan="2">成员任务职责</td><td colspan="3">组长负责本学习任务的小组组织、决策、安全管理等</td></tr>
<tr><td colspan="3">组员负责：
（1）安全监督以及完成组内其他学习任务；
（2）工具备料以及完成组内其他学习任务；
（3）技术资料准备以及完成组内其他学习任务；
（4）常规操作以及完成组内其他学习任务；
（5）文本记录以及完成组内其他学习任务</td></tr>
</table>

三、故障确认

1. 一般故障诊断流程

此次实操依据图 3-6 所示的故障诊断流程进行，完成发现故障、确认故障、分析故障、排除故障、结果检验等步骤，掌握故障诊断与排除的基本方法。

2. 车辆基本检查

根据车辆故障现象，制定基本检查项目并完成基本检查，主要检查内容有检查高压系统是否上电以及仪表是否存在故障信息提示（见表 8-2）、检查换挡控制器外观与工作状况（见表 8-3）。

表 8-2 检查高压系统是否上电以及仪表是否存在故障信息提示

检查条件	车辆启动开关至 ON 挡，踩下制动踏板
技术标准	仪表“READY”指示灯亮起，无故障指示灯与故障信息提示
检查结果	“READY”指示灯亮起，高压系统上电。仪表显示系统故障指示灯，并提示“检查挡位系统”

表 8-3 检查换挡控制器外观与工作状况

检查条件	车辆启动开关至 ON 挡，踩下制动踏板
技术标准	外观无破损，旋钮旋转无卡滞，仪表显示挡位与换挡系统挡位指示灯显示挡位一致，随旋钮旋转切换
检查结果	外观无破损，旋转无卡滞；挡位指示灯熄灭，换挡旋钮旋转，仪表显示挡位无变化（固定为 P，且变为红色并闪烁）

经检查，确认故障现象为：仪表系统故障指示灯亮起，并显示“请检查挡位系统”

信息提示。旋转换挡旋钮，无法切换挡位（换挡旋钮旋转，仪表显示挡位无变化，固定为 P，且变为红色并闪烁）。换挡系统的挡位指示灯未点亮。

3. 查询故障代码

连接诊断设备对整车系统进行扫描，查询故障代码，诊断仪故障代码如图 8-1 所示。诊断结果：与车辆连接成功后，在 MCU（驱动电动机系统）页面，显示故障代码为 U110087，故障信息为 MCU 与 ESK 通信丢失故障。且诊断仪无法进入 ESK 电子旋钮换挡系统。

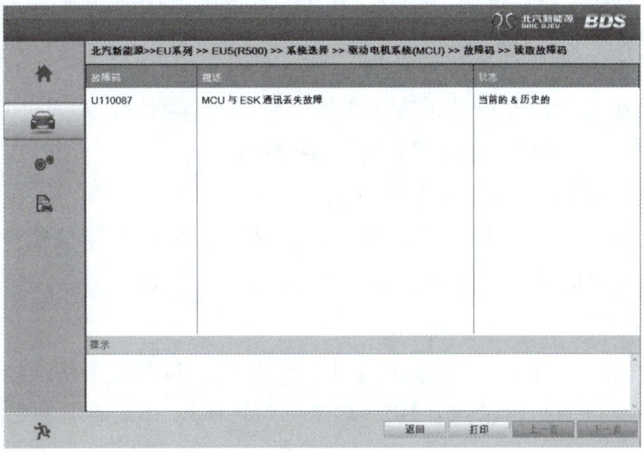

图 8-1　诊断仪故障代码

四、故障分析

根据当前的故障现象和解码器诊断结果推测故障原因，通过可能故障原因制订排故计划与操作流程。

1. 相关控制原理

查阅北汽 EU5 维修手册中电子旋钮换挡系统电路原理图，并对其进行拆画，见表 8-4。

表 8-4　电子旋钮换挡系统电路原理图

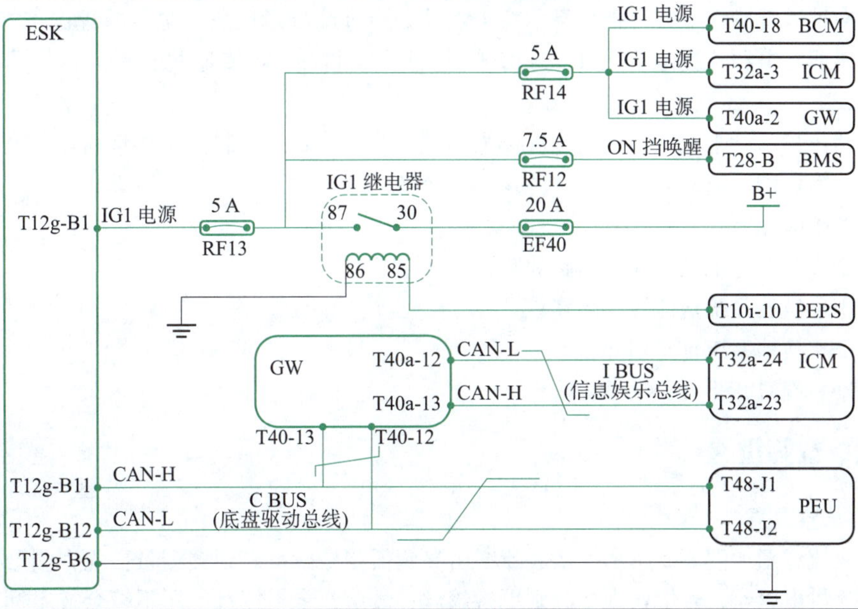

序号	端子编号	端子定义
1	T12g-B6	电子旋钮换挡系统接地端子
2	T12g-B1	电子旋钮换挡系统 IG 电源输入端子
3	T10i-10	IG1 继电器控制端子

电子旋钮换挡控制原理分析：

①点火开关至 ON 挡，PEPS 系统控制 IG1 继电器闭合，为 ESK 电子旋钮换挡系统提供工作所需电源（控制模块、挡位背光指示灯）；

②电子换挡系统通过旋钮所处位置，识别驾驶员所选挡位，并通过 C BUS CAN（底盘驱动总线），将挡位数据传输至 PEU 与 GW（网关）；

③PEU 内 MCU 接收此数据，控制电动机运行；

④GW 接收此数据，通过 I BUS CAN（信息娱乐总线）将挡位信息传递至 ICM（仪表），由 ICM 显示当前挡位。

2. 故障分析详解

①仪表显示“检查挡位系统”，高压上电后，旋转挡位开关无法换挡。

②连接诊断仪，读取故障信息：MCU 显示：“MCU 与 ESK 通信丢失故障”，ESK 电子旋钮换挡系统无法进入。

③依据换挡系统原理与诊断仪故障信息可知，造成当前现象的主要原因为：“通信异常”。结合换挡系统电路原理图分析，可导致通信异常并伴有此类故障现象的可能原因为：ESK 端 C BUS CAN 线损坏、供电电路异常、接地电路异常、ESK 电子旋钮换挡系统控制模块自身损坏。

④根据原理图可知，IG1 继电器为 ESK 供电的同时，也向 BMS、仪表、GW、BCM 等模块提供唤醒、工作电源，若 IG1 继电器供电、控制线路故障，将导致车辆高压系统无法上电，车辆电器无法使用，与车辆当前现象不符，可排除 IG1 继电器 30 供电、线圈控制与继电器自身损坏故障。

⑤换挡系统旋钮上方，挡位指示灯未点亮。通过此故障现象与电路原理图可知，ESK 换挡系统所需电源、接地皆由 T12g-B1 供电端子与 T12g-B6 接地端子完成，无其他电源电路。

⑥挡位指示灯未点亮，说明电源供电与接地线路故障或控制模块自身损坏，也表明车辆当前故障。ESK 端 C BUS CAN 线损坏可能性较低。

可能故障原因：

①ESK 换挡系统供电导线断路故障；

②ESK 换挡系统接地线路断路；

③ESK 换挡系统自身损坏；

④ESK 端 C BUS CAN 线故障。

五、故障排除

1. 排故思路

排故流程图如图 8-2 所示，从故障率由高到低测量或由简到繁测量：优先测量换挡系统 RF 13 供电熔丝，若熔丝损坏，则更换熔丝；若熔丝未损坏且电压不符合技术标准，应对仪表板电器盒内部电路进行检查；若熔丝未损坏，电压符合技术标准，依次检查换挡系统供电、接地线路，确认故障原因。

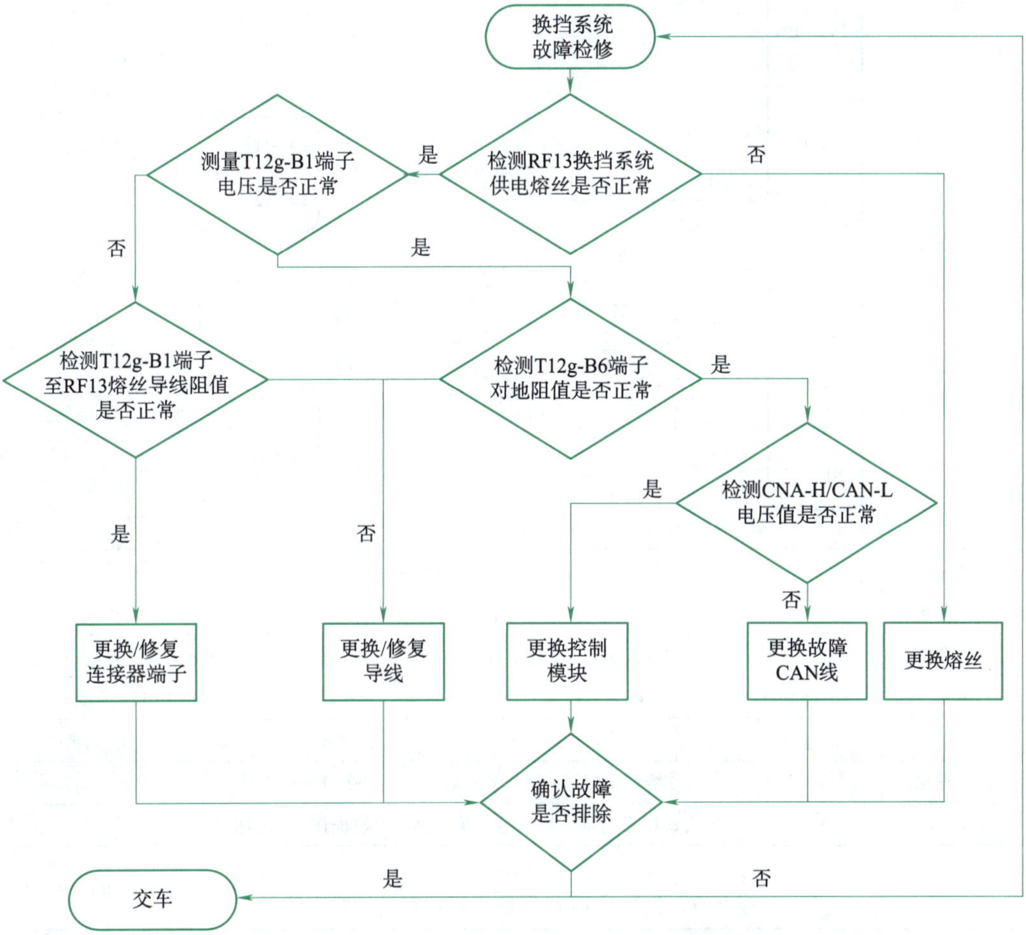

图 8-2　排故流程图

2. 故障排查注意事项

①维修作业前，应对绝缘手套、护目镜等基本安全用具进行检查；

②禁止穿拖鞋进入维修区域，车辆检查时应正确穿戴符合安全要求的劳保用品；

③使用举升机时，确保车辆处于正确位置，且需要不少于两人对其进行检查；

④进入车辆底部时，必须佩戴绝缘安全帽；

⑤对车辆高压线路进行检查时，需先对车辆进行高压下电操作；

⑥故障排查结束后，遵守实训场地的 5S 管理，规范恢复车辆及工具；

⑦如出现触电，应立即切断电源进行抢救。

3. 线路排查

线路排查包含测量 RF13 熔丝是否损坏（见表 8-5）、测量 ESK 电子旋钮换挡系统供电电压（见表 8-6）、测量 ESK 供电导线通断（见表 8-7）。

表 8-5 测量 RF13 熔丝是否损坏

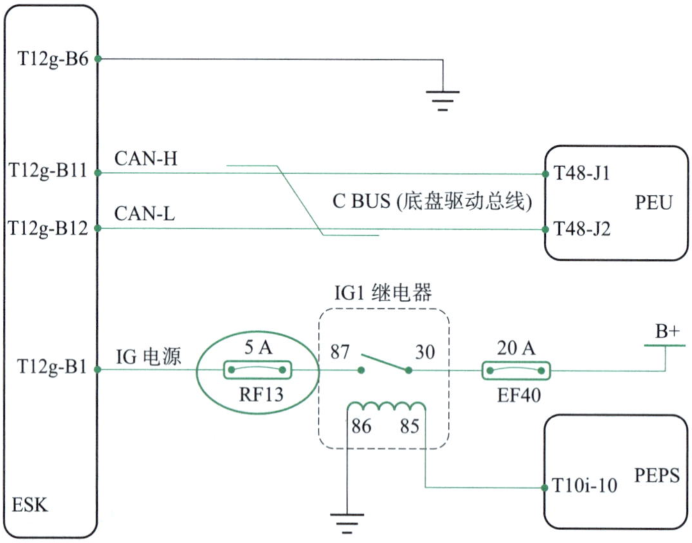

测量位置	RF13 熔丝测量点			
安装位置	驾驶室内，制动踏板上方			
测量条件	电压：启动开关至 ON 挡；电阻：启动开关至 OFF 挡（拔下熔丝）			
电压	测量值	12 V	标准值	12 V
电阻	测量值	0 Ω	标准值	0 Ω
测量结果	熔丝未损坏，电压符合标准值，进行下一步测量			
检测说明	将熔丝拔下测量，判断熔丝是否存在机械损伤（引脚折断等）			

表 8-6 测量 ESK 电子旋钮换挡系统供电电压

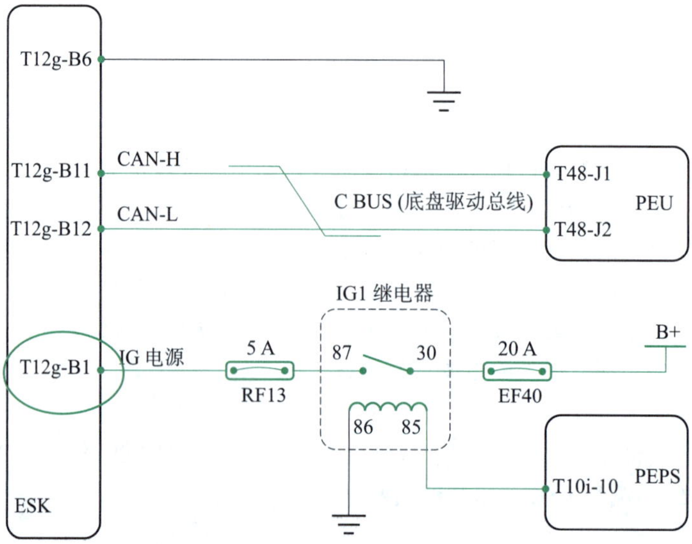

测量位置	T12g-B1 端子			
测量条件	车辆启动开关至 ON 挡			
电压	测量值	0 V	标准值	12 V
测量结果	ESK 供电输入端子电压异常，进行下一步检测			

表 8-7　测量 ESK 供电导线通断

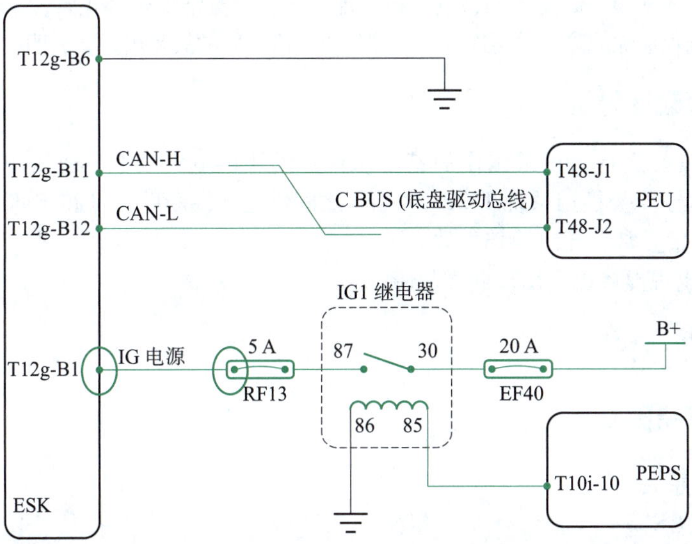

测量位置	RF13 熔丝至换挡系统 T12g-B1 端子			
测量条件	车辆启动开关至 OFF 挡			
阻值	测量值	∞	标准值	0 Ω
测量结果	导线断路，确认故障点			
端子是否损坏	否			
检测说明	测量电阻时，应将 ESK 端连接器断开，检查连接器引脚是否存在机械损伤			

4. 诊断结果

经检测，确认故障点为 RF13 熔丝至换挡系统 T12g-B1 端子之间导线断路。

5. 维修建议

更换/修复 RF13 熔丝至换挡系统 T12g-B1 端子之间导线，确保维修后符合标准值 0 Ω。

六、性能检查

对完成修复后的电子旋钮换挡系统进行性能检查，检查项目见表 8-8，确保故障已排除。

表 8-8 电子旋钮换挡系统排故后性能检查项目

序号	检查项目	检查方法	技术要求	检查结果（√或×）
1	仪表是否显示故障信息提示或存在异常	点火开关置于 ON 挡	无故障信息提示或异常	√
2	检查换挡控制器工作性能	点火开关置于 ON 挡，踩下制动踏板，旋转换挡旋钮	换挡系统挡位与仪表显示挡位相同，随旋钮旋转而切换，挡位指示灯亮起	√

修复故障后，对电子旋钮换挡系统进行性能检测，检测结果全部正常，车辆可正常行驶；且重新接通诊断仪清除故障，并再次读取故障代码，没有新的故障出现，表明故障已排除。

七、故障机理分析

控制模块良好运行、正常工作的基本条件：模块供电、接地、通信正常；自身未损坏。RF13 熔丝与 ESK 换挡系统 T12g- B1 端子之间供电导线断路，使得 ESK 控制模块内部电路与 CAN 通信异常，导致换挡失效。

如果此线出现虚接也会出现此类故障。

项目实操二

一、项目情景

1. 车辆信息

车型：北汽 EX3　　年款：2019

行驶里程：__________　　电量：__________

车辆 VIN 码：__________

车辆外观状况：__________　　车辆内饰状况：__________

2. 故障现象客户反映

多媒体显示器提示：车辆异常，尽快联系授权服务商检查；仪表显示故障指示灯；踩下加速踏板，车辆起步缓慢，无法全速行驶。

3. 设备及工具清单

车用万用表、新能源汽车故障诊断仪、与解码器配套的电脑、汽修专用工具套装。

二、小组划分

加速踏板系统故障检修采用划分小组的形式开展，各小组完成记录表见表 8-9。

表 8-9 实训小组记录表

班级：	组名：	组长：	项目名称：
组员：			
成员任务职责	组长负责本学习任务的小组组织、决策、安全管理等		
	组员负责： （1）安全监督以及完成组内其他学习任务； （2）工具备料以及完成组内其他学习任务； （3）技术资料准备以及完成组内其他学习任务； （4）常规操作以及完成组内其他学习任务； （5）文本记录以及完成组内其他学习任务		

三、故障确认

1. 一般故障诊断流程

此次实操依据图 3-6 所示的故障诊断流程进行，完成发现故障、确认故障、分析故障、排除故障、结果检验等步骤，掌握故障诊断与排除的基本方法。

2. 车辆基本检查

根据客户反应故障现象，制定基本检查项目并完成基本检查，主要检查内容有检查多媒体显示器是否存在车辆故障提示（见表 8-10）、检查高压系统上电后仪表是否存在故障指示灯/报警信息（见表 8-11）、检查车辆续航里程与 SOC 剩余电量（见表 8-12）、检查车辆加速性能与行驶速度（见表 8-13）等。

表 8-10　检查多媒体显示器是否存在车辆故障提示

检查条件	点火开关至 ON 挡
技术标准	多媒体显示器界面无异常信息提示
检查结果	多媒体显示器提示：车辆异常，尽快维修，与驾驶员反馈现象一致

表 8-11　检查高压系统上电后仪表是否存在故障指示灯/报警信息

检查条件	挡位开关至 P 挡，踩下制动踏板，按下车辆启动开关
技术标准	高压系统上电正常，“Ready”指示灯点亮；仪表无故障指示灯与故障报警信息
检查结果	“Ready”指示灯亮起，高压系统上电正常；系统故障指示灯与限功率指示灯点亮

表 8-12　检查车辆续航里程与 SOC 剩余电量

检查条件	点火开关至 ON 挡或高压系统上电
技术标准	车辆续航里程与 SOC 剩余电量充足（SOC 剩余电量大于 6%）
检查结果	检查结果符合技术标准：车辆续航里程 204 km；SOC 剩余电量大于 40%

表 8-13 检查车辆加速性能与行驶速度

检查条件	由指导教师驾驶车辆，学生位于副驾驶位置，观察并记录仪表数据
技术标准	加速性能与行驶速度符合驾驶员操作意图（行驶速度随加速踏板深度增加而升高）
检查结果	车辆起步缓慢，最高车速 9 km/h，车辆行驶速度与加速踏板深度不符

经检查，确认当前车辆故障现象为：在车辆高压系统上电正常，SOC 剩余电量充足的前提下，仪表显示系统故障指示灯与限功率指示灯；车辆最高行驶速度为 9 km/h，与驾驶员操作意图（加速踏板深度）不符。通过上述现象，结合车辆维修手册可知：“车辆某系统出现中度故障，车辆启动跛行模式”。

3. 查询故障代码

连接诊断设备对整车系统进行扫描，查询故障代码，诊断仪故障代码如图 8-3 所示。故障代码显示：驱动电动机系统的加速踏板信号错误；车身稳定系统的油门踏板相关信号（油门开度）无效①。

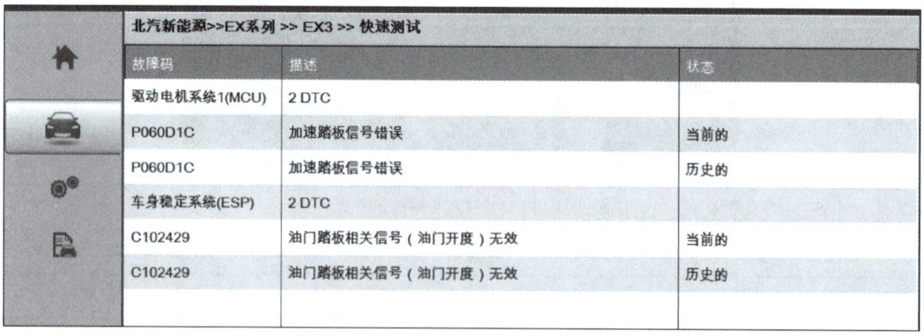

北汽新能源>>EX系列 >> EX3 >> 快速测试

故障码	描述	状态
驱动电机系统1(MCU)	2 DTC	
P060D1C	加速踏板信号错误	当前的
P060D1C	加速踏板信号错误	历史的
车身稳定系统(ESP)	2 DTC	
C102429	油门踏板相关信号（油门开度）无效	当前的
C102429	油门踏板相关信号（油门开度）无效	历史的

图 8-3 诊断仪故障代码

四、故障分析

根据当前的故障现象和解码器诊断结果推测故障原因，通过可能故障原因制订排故计划与操作流程。

① 油门踏板即加速踏板，油门开度即节气门开度。

1. 相关控制原理

车辆加速踏板相关电路图，如图 8-4 所示。

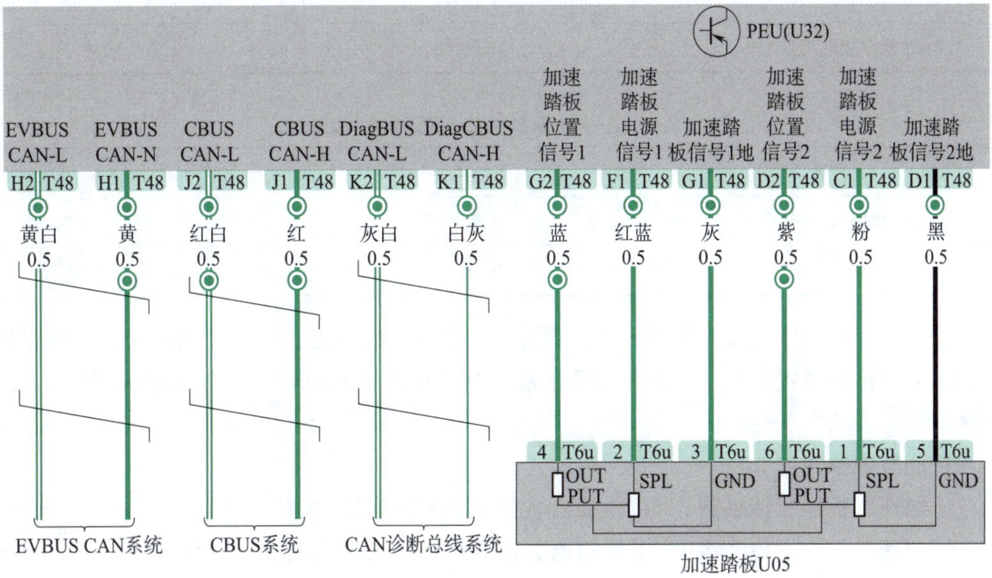

图 8-4　车辆加速踏板相关电路图

控制原理分析：

①点火开关至 ON 挡，PEU 电子控制单元，通过供电线路向加速踏板传感器供电，并通过接地线路使传感器与地导通。

②当踩下加速踏板时，位置传感器将踏板深度（角度/位置）转换成电压信号，通过信号线传输至 PEU 电子控制单元，电子控制单元根据此信号进行扭矩需求计算，控制执行器工作。例如：加速、减速、急加速等。

③为确保信号传输的准确性与可靠性，加速踏板位置传感器 1、2 的控制电路完全独立，与 PEU 电子控制单元之间的电压信号传输由单独（两路）信号线完成。

④当任一信号电压与标准值（两者对比）不符时，电子控制单元立即启动“失效保护模式”，对车辆进行限速（功率），确保车辆与驾驶员安全。

2. 故障分析详解

①观察仪表充电时除充电连接指示灯外其他充电相关指示灯不亮，考虑仪表问题，又因车辆可正常上电行驶且仪表正常使用，故排除仪表故障。

②通过查阅维修手册与基本检查结果可知：当前车辆进入跛行模式，最高行驶速度为 9 km/h。

③读取故障信息：驱动电动机系统与车身稳定系统，均显示加速踏板位置信号错误/无效。

④为判断解码器所示故障信息是否准确，进一步缩小故障范围，使用解码器，读取加速踏板位置传感器相关数据流。表 8-14 所示为未踩踏加速踏板时数据流，表 8-15 所示为踩踏加速踏板至极限位置时数据流。

表 8-14 未踩踏加速踏板时数据流

名称	当前值	单位
加速踏板位置信号 1	0.72	V
加速踏板位置信号 2	0.00	V

表 8-15 踩踏加速踏板至极限位置时数据流

名称	当前值	单位
加速踏板位置信号 1	4.50	V
加速踏板位置信号 2	0.00	V

通过电路原理图与位置传感器工作原理，结合诊断仪信息，可知车辆进入跛行模式的原因：加速踏板位置信号 2 的电压信号异常，电子控制单元启动“失效保护模式”，迫使车辆跛行，无法全速行驶。

可能故障原因：

①加速踏板位置传感器 2，信号线（含接线端子）断路/损坏；

②加速踏板位置传感器 2，电源供电、接地线路（含接线端子）断路/损坏；

③加速踏板位置传感器自身故障；

④PEU 电子控制单元自身故障。

五、故障排除

1. 排故思路

排故流程图如图 8-5 所示，优先检测加速踏板位置传感器 2 的 T48-D2 端子信号电压。若信号电压符合规定标准，优先检查连接器端子是否损坏：损坏，更换或修复连接器；未损坏，判断故障为 PEU 电子控制单元自身故障。若信号电压不符合规定标准，应根据测量结果对信号线是否断路，加速踏板位置传感器供电、接地是否异常，位置传感器与电子控制单元是否损坏进行检查。

2. 故障排查注意事项

①维修作业前，应对绝缘手套、护目镜等基本安全用具进行检查；

②禁止穿拖鞋进入维修区域，车辆检查时应正确穿戴符合安全要求的劳保用品；

③使用举升机时，确保车辆处于正确位置，且需要不少于两人对其进行检查；

④进入车辆底部时，必须佩戴绝缘安全帽；

⑤对车辆高压线路进行检查时，需先对车辆进行高压下电操作；

⑥故障排查结束后，遵守实训场地的 5 s 管理，规范恢复车辆及工具；

⑦如出现触电，应立即切断电源进行抢救。

3. 线路排查

线路排查内容有测量加速踏板位置传感器 2 信号输入电压（见表 8-16）、测量加速踏板位置传感器 2 信号输出电压（见表 8-17）、测量加速踏板位置传感器 2 信号线阻值（见表 8-18）等。

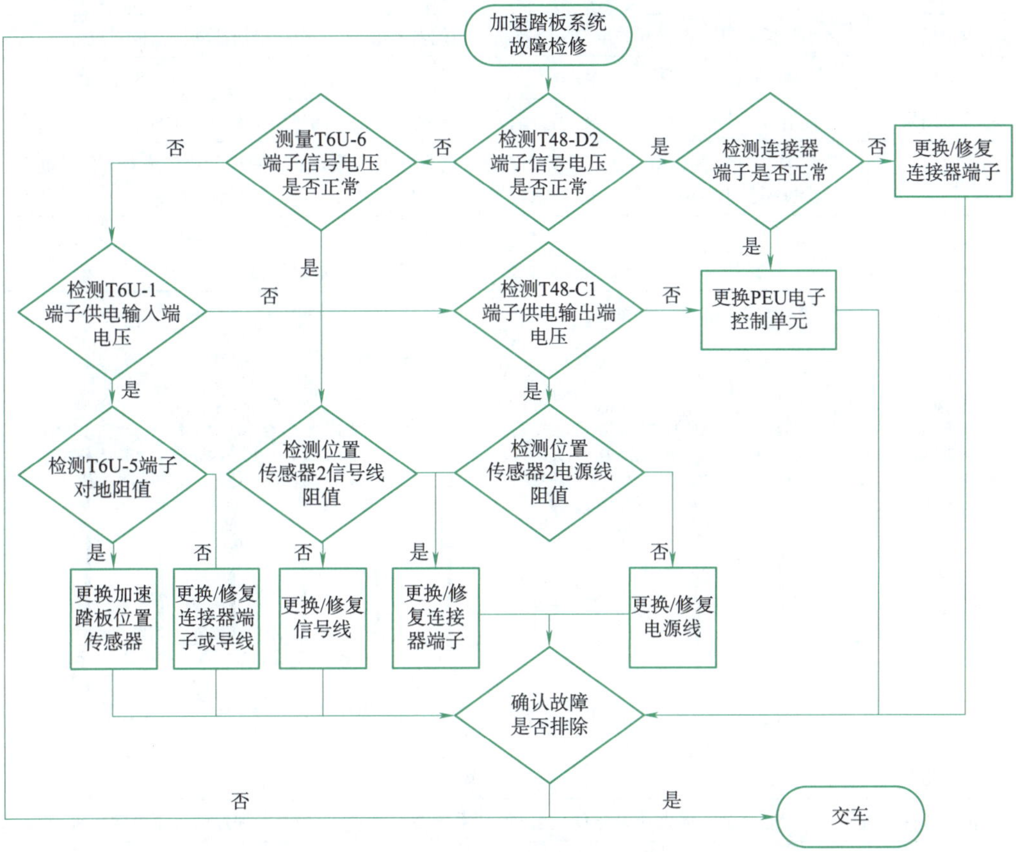

图 8-5　排故流程图

表 8-16　测量加速踏板位置传感器 2 信号输入电压

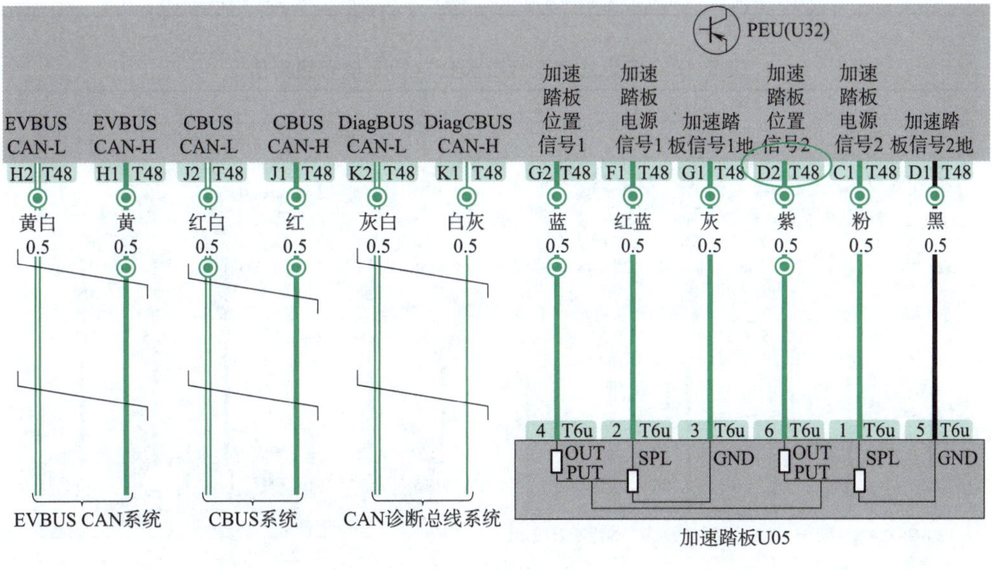

测量位置	T48-D2 端子			
测量条件	背插测量；点火开关至 ON 挡（高压系统勿上电），缓慢踩踏加速踏板至极限位置			
电压	测量值	0 V	标准值	0.38～2.29 V
测量结果	位置信号 2 电压值 0 V，未随加速踏板位置变化而变化，测量值不符合技术标准			
检测说明	T48-D2 端子未测得电压值，说明 PEU 电子控制单元未收到加速踏板位置传感器 2 信号电压，下一步可测量 T6U-6 端子，加速踏板位置传感器 2 信号输出电压，判断加速踏板工作是否正常			

表 8-17　测量加速踏板位置传感器 2 信号输出电压

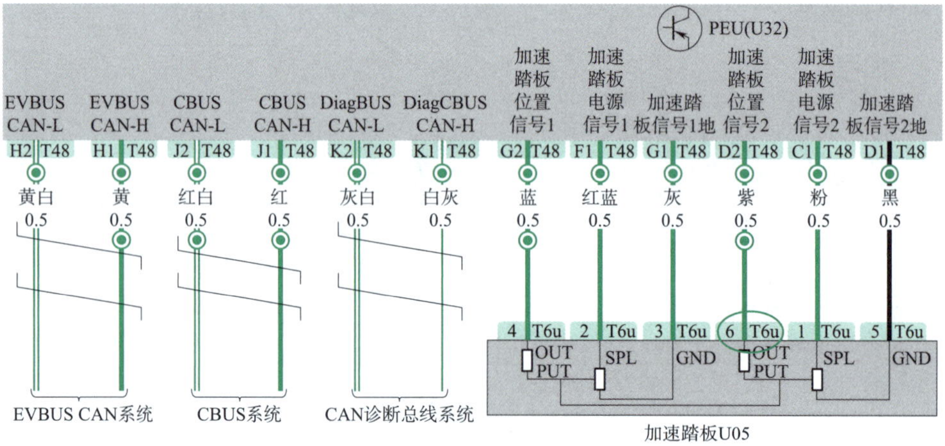

测量位置	T6U-6 端子			
测量条件	背插测量；点火开关至 ON 挡（高压系统勿上电），缓慢踩踏加速踏板至极限位置			
电压	测量值	0.38～2.29 V	标准值	0.38～2.29 V
测量结果	加速踏板位置传感器 2 信号输出电压，随加速踏板位置变化而变化，测量结果符合技术标准			
端子是否损坏	否			
检测说明	加速踏板位置传感器 2 信号输出电压，随加速踏板位置变化而变化，说明加速踏板位置传感器 2 工作正常，下一步可测量传感器信号线阻值，判断信号线是否断路			

表 8-18　测量加速踏板位置传感器 2 信号线阻值

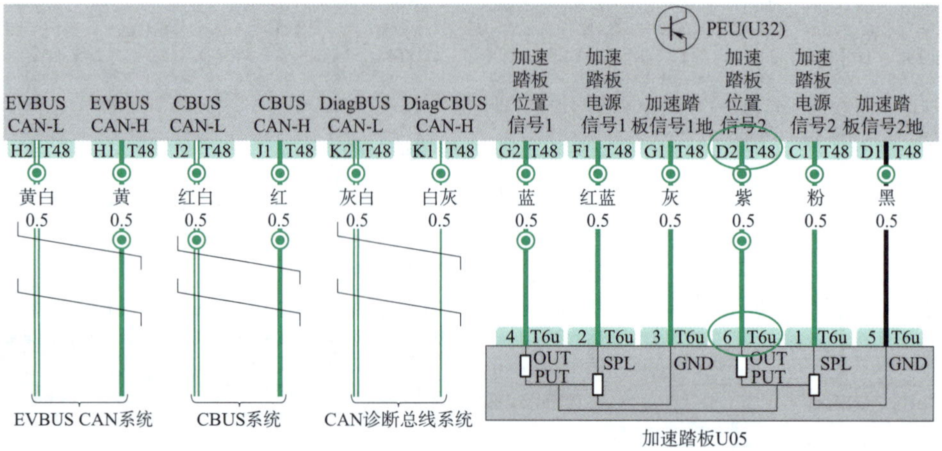

测量位置	T48-D2；T6U-6			
测量条件	点火开关至 OFF 挡；拔下连接器测量			
电阻	测量值	∞	标准值	0 Ω
测量结果	电阻不符合规定值，确认故障点			
端子是否损坏	否			

4. 诊断结果

经检测，确认故障点为加速踏板位置传感器2的T48-D2至T6U-6端子间信号线断路。

5. 维修建议

修复加速踏板位置传感器2的T48-D2至T6U-6端子间信号线，确保维修后符合标准值0 Ω。

六、性能检查

对完成修复后的加速踏板系统进行性能检查，检查项目见表8-19，确保故障已排除。

表8-19　加速踏板系统排故后性能检查项目

序号	检查项目	检查方法	技术要求	检查结果（√或×）
1	仪表是否存在故障信息提示	踩下制动踏板，点火开关至ON挡	高压系统上电，仪表无故障指示灯与故障信息提示	√
2	检查车辆加速性能与行驶速度	由指导教师驾驶车辆，学生位于副驾驶位置，观察并记录仪表数据	加速性能与行驶速度符合驾驶员操作意图（行驶速度随加速踏板深度增加而升高）	√
3	故障代码	点火开关至ON挡，接连诊断仪	读取故障信息，无故障代码	√

修复故障后，对车辆加速踏板系统进行性能检测，检测结果无异常；且重新接通诊断仪清除故障，并再次读取故障代码，没有新的故障出现，表明故障已排除。

七、故障机理分析

结合加速踏板系统电路图分析，由于加速踏板位置信号2与加速踏板间线路存在故障，导致PEU无法获取加速踏板的位置信息，使得车辆在踩下加速踏板后，起步缓慢，无法全速行驶，同时仪表出现功率限制等故障灯。

如果此线出现断路、虚接也会出现此类故障。

质量检查

一、小组自检

各小组对照项目目标，参照表8-20对项目实施过程进行再次检查确认，保证故障诊断的完整性及准确性。

表 8-20 小组自检表

序号	检查项目	检查结果
1	作业前规范进行场地准备工作	□是 □否
2	作业前规范对劳保用品进行安全检查	□是 □否
3	正确完成车辆下电操作	□是 □否
4	正确完成对行驶系统的故障检测与维修	□是 □否
5	遵守 5S 管理，规范恢复车辆及工具	□是 □否
6	无任何事故发生	□是 □否

二、教师检查

教师根据各小组项目完成情况，参照表 8-21，对故障诊断结果进行质量检查，并对各小组项目实施过程中所存在的问题提出改进措施与建议。

表 8-21 教师检查表

<table>
<tr><td>班级：</td><td colspan="2">组名：</td><td colspan="2">成绩：</td></tr>
<tr><td colspan="5">项目名称：</td></tr>
<tr><td colspan="3">评价项目</td><td>分数</td><td>教师评价</td></tr>
<tr><td rowspan="4">职业素养（10 分）</td><td colspan="2">团队协作能力</td><td>2</td><td></td></tr>
<tr><td colspan="2">计划组织能力</td><td>2</td><td></td></tr>
<tr><td colspan="2">诊断分析能力</td><td>2</td><td></td></tr>
<tr><td colspan="2">质量意识</td><td>4</td><td></td></tr>
<tr><td rowspan="5">职业技能（76 分）</td><td colspan="2">发现并确认故障现象</td><td>8</td><td></td></tr>
<tr><td colspan="2">分析故障原因</td><td>20</td><td></td></tr>
<tr><td colspan="2">制定故障排除方案</td><td>20</td><td></td></tr>
<tr><td colspan="2">实施故障诊断流程</td><td>20</td><td></td></tr>
<tr><td colspan="2">检验或提出维护建议</td><td>8</td><td></td></tr>
<tr><td rowspan="2">安全考评（14 分）</td><td colspan="2">落实“5S”</td><td>7</td><td></td></tr>
<tr><td colspan="2">安全操作</td><td>7</td><td></td></tr>
<tr><td>存在问题及改进措施</td><td colspan="4"></td></tr>
<tr><td colspan="4">总成绩</td><td></td></tr>
</table>

讨论提升

各小组以北汽 EU5 实训车辆为例，制定新能源汽车行驶系统故障诊断流程。

评价反馈

小组成员完成行驶系统故障诊断项目后，每位成员对课程内容及个人实操表现进行反思总结。

①你认为本项目的重难点是什么？

②项目实施过程中是否遇到问题？你是怎么解决的？

③请对你在项目实施过程中的表现进行总结和反思。

拓展阅读

焊接领域的“大国工匠”响当当的“大师傅”——艾爱国

艾爱国，男，汉族，1950年3月出生，中共党员，湖南华菱湘潭钢铁有限公司（以下简称湘钢）焊接顾问。

精通技艺，是焊接领域的“大国工匠”。他在焊工岗位上工作50多年，攻克焊接技术难关400多个，改进工艺100多项，多次参与我国重大项目焊接技术攻关和特种钢材焊接性能试验。指导实施参与某试验型导弹焊接工艺，将中碳调质钢弹壳与发射座焊接相连，X射线检验100%达到一级标准。海军某在研先进舰艇的推进动力装置，要在仅0.2平方米的紫铜导板上密集施焊，制造方历时半年也没能拿下来。艾爱国受邀前往，采用熔化极氩弧焊接工艺重新制定焊接方案，并现场指导，成功解决了产品一直焊缝渗漏、质量不合格的技术难题。

传承技术，是响当当的“大师傅”。他主持的湘钢板材焊接实验室，被湖南省列为焊接工艺技术重点实验室，被全国总工会命名为“全国示范性劳模创新工作室”。多年来，他带过的徒弟有600多名，湘钢高级技师、技师、高级工以上级别的焊工，80%都跟艾爱国学过艺。他的徒弟中，有的获得全国五一劳动奖章，有的成为湖南省劳动模范、“三八红旗手”、“十佳青年”等。艾爱国还无偿向200多名下岗工人和农村青年传授焊接技术，其中有100多人进入南方电力机车集团、三一重工集团等大型企业，凭借过硬的技术基础和自身的努力逐渐成为企业骨干。

坚定本色，是扎根一线的“老黄牛”。艾爱国在湘钢工作一辈子，最高职务就是焊接班的班长，领导曾经多次想提拔他，艾爱国都婉言谢绝了。退休之后，女儿想把他接过去安享晚年，但艾爱国选择了留在湘钢。如今，70多岁的艾爱国，早上7点半前上班，下午6点半后下班，几十年不变地骑着他那辆破旧自行车，继续奋战在焊接工艺研究和操作技术开发第一线。

他荣获了“七一勋章”、“全国劳动模范”、“全国技术能手”、“全国十大杰出工人”等称号。

参考文献

[1] 杨凤英. 新能源汽车故障检修 [M]. 北京:机械工业出版社,2022.

[2] 孙建俊. 新能源汽车高压安全防护与应急处理 [M]. 北京:机械工业出版社,2022.

[3] 欧阳明高. 中国新能源汽车的研发及展望[J]. 科技导报, 2016, 34(6):8.

[4] 卢超,尤建新,戎珂,等. 新能源汽车产业政策的国际比较研究[J]. 科研管理, 2014(12):10.

[5] 崔胜民. 新能源汽车技术[M]. 北京:北京大学出版社,2009.

[6] 崔胜民,韩家军. 新能源汽车概论[M]. 北京:北京大学出版社,2011.

[7] 李瑞明. 新能源汽车技术[M]. 北京:电子工业出版社,2014.

[8] 李伟. 新能源汽车构造原理与故障检修[M]. 北京:化学工业出版社,2015.

[9] 李晓华. 新能源汽车技术发展的挑战、机遇和展望[M]. 北京:机械工业出版社,2012.

[10] 徐枭,王巧凤,周荣. 新能源汽车发展主要障碍及其解决方案[J]. 上海汽车, 2009(5):10-13.

[11] 张利,王为,陈泽坚,等. 新能源汽车 SOC 估算的模糊预测算法研究[J]. 电子测量与仪器学报, 2011, 25(4):5.

[12] 吴荣辉. 新能源汽车维护与故障诊断 [M]. 北京:机械工业出版社,2021.

[13] 宋广辉. 新能源汽车维护与故障诊断 [M]. 北京:机械工业出版社,2018.

[14] 赵毓锋,高红柳. 新能源汽车故障维修关键技术分析[J]. 南方农机, 2020, 51(20):2.

[15] 杨胜. 新能源汽车故障维修方法与关键技术探究[J]. 专用汽车, 2023(4):103-105.

[16] 季恺. 新能源汽车故障维修方法与技术要点分析[J]. 时代汽车, 2023(15):174-176.

[17] 李霞. 新能源汽车故障维修关键技术探究[J]. 内燃机与配件, 2021(13):2.

[18] 刘庆. 新能源汽车故障检修现状及发展思路探析[J]. 汽车测试报告, 2022(7):3.

[19] 曹海燕,戴旭东,凌锐. 浅谈新能源汽车故障检修现状及发展措施[J]. 汽车实用技术, 2022, 47(3):4.